장애인이랑

친구가

될 수 있을까?

나 또한 장애인과 비장애인이 소통하려면 어떻게 해야 할까, 막연히 고민했습니다. 하지만 너무 복잡하게 생각하고 있었음을 이 책을 읽고 또 한 번 깨달았습니다. 결국 우리 모두가 장애를 떠나 '다름'을 지닌 존재임을, 다르기에 서로를 알아가고자 대화하고 익숙해지고 그렇게 가까워지는 존재임을. 장애라는 단어에 집중하기보다 진짜 우리가 가까워지기 위해 무엇에 집중해야 하는지를 알려 주는 책이라고 생각합니다.

김한솔 시각장애인 유튜버, 〈원샷한솔〉 운영

사회가 '장애'를 구분한 것은 장애인에게 필요한 지원을 결정하기 위함입니다. 하지만 사람들은 장애와 비장애를 나누어 서로 다른 존재로 생각해요. 장애 여부와 상관없이 모든 사람은 다른 몸을 지닌, 다른 사람이에요. 이 책은 한결같이 장애를 특별하게 바라보지 말라고 이야기합니다. 장애란 한 사람이 가진 여러 가지 특징 중 하나라고 말이죠. 경험하지 않은 것은 낯설기 마련입니다. 장애가 있는 사람도 그래요. 장애인과 친구가 될 수 있을지 궁금한 당신에게, 이 책은 장애인과 친구가 될 수 있는 가능성을 선물할 것입니다.

백정연 소소한소통 대표, 《장애인과 함께 사는 법》 저자 권용덕 선생님을 처음 알게 되었을 때 저는 속으로 이렇게 외쳤어요. "우와~ 세상에 없던 별난 특수교사다." 이 책은 별난 특수교사가 별나지 않은 장애에 대해 이야기합니다. 아직도 장애를 특별하거나 다른 무엇으로 생각하고 있다면 얼른 책의 첫 장을 펼치길 바랍니다. 쉽게 잘 쓰였는데 심지어 재미있기까지 한 책을 읽다 보면 어느 순간 알게 될 거예요. 다르거나 특별했던 건 '장애'가 아닌 나의 '장애인식'이었다는 것을 말이죠.

류승연 칼럼니스트, 《사양합니다, 동네 바보형이라는 말》 저자

4차 산업혁명 시대에 접어들며 인공지능이 대체할 직업에 대한 관심이 쏟아졌습니다. 그런데 사회가 고도로 발전해도 사라지지 않을 직업이 있습니다. 바로 이 책의 저자 권용덕 선생님과 같은 특수교사입니다. 인류의 조상이 체격이 크고 힘이 센 네안데르탈인이 아니라 협력과 친화력이 발달한 호모 사피엔스인 것과 같은 맥락이라 볼 수 있지요.

그중에서도 일반학교 특수학급에서 근무하는 특수교사는 대부분 혼자서 특수교육을 담당합니다. 그래서 다른 모든 교사와 협력해야 하죠. 일반교사의 경우, 어떤 날은 반 아이들하고만 이야기하다 하루가 끝나기도 합니다. 반면 특수교사는 그런 날이 있을까 싶고, 있어도 곤란합니다. 부모님들과 수시로 아이의 상황을 공유하고, 통합학급 담임 선생님들과 많이 이야기할 수

록 통합교육의 질이 높아질 것을 뻔히 알기에 교실에서 혼자 있을 틈이 없습니다. 협력해야 할 사람들 한가운데에 있지요. 좋은 특수교사일수록 학교 구성원들과의 이음과 연대에서 '핵인싸'여야 할 것입니다.

이 책에는 이런 핵인싸 선생님, 인공지능도 대신할 수 없는 일을 하는 '특수반 선생님'의 자기 고백이 담겨 있습니다. 다양한 사람에게 공감하고 그들을 배려하며 진심으로 소통하고 협력할 수 있는, 지구가 우주에서 사라지는 순간까지 살아남을 수 있는 DNA를 미래 세대에게 전파하려는 권용덕 선생님의 애정이 느껴집니다.

김수연 경인교육대학교 특수통합교육학과 교수

'장애가 있으면 특수학교에 가야 하지 않나요?', '장애가 있는데 어떻게 일해요?', '시각장애인은 아무것도 안 보이죠?' 누구나 한 번쯤 떠올렸을 장애에 대한 궁금증은 금기처럼 여겨지며 침묵 속에서 답을 얻지 못해 왔습니다. 이책은 권용덕 선생님만의 솔직하고 담담한 문장으로 마음속 어딘가에 불편하게 자리 잡았던 질문들을 알기 쉽게 풀어 줍니다. 책의 마지막으로 갈수록 우리는 장애를 걷어 내고 그저 사람을 보는 눈에 대해 이야기하고 있을 것입니다.

김라경 가톨릭대학교 특수교육과 교수

특수교사로 근무하면서 "장애가 심한 학생은 특수학교에 가는 게 더 행복하잖아"라는 말을 자주 들었는데요. 저는 가끔 이 '행복'이라는 단어가 불편했어요. 장애 학생을 불편한 존재로 여겨 특수학교로 보내기 위해 행복이라는 단어를 쓰는 것 같았거든요. 이 책은 모든 학생에게 진짜 행복한 교육 환경이란 무엇인지 다시금 고민하게 합니다. 이 책이 모두에게 장애에서 비롯되는 불편함을 익숙함으로 채워 나가기 위해 고민하고, 진짜 행복한 학교를 만들기 위한 실천의 밑거름이 되길 기대합니다.

조윤주 대구특수교육원 특수교사

교실 속 아이들은 얼핏 비슷해 보여도 고유의 속도와 모양으로 자라는 개별적이고 특별한 존재입니다. 이 책은 장애가 있는 학생을 포함해 우리 모두가 서로 다름을 이해하고, 있는 그대로의 모습을 인정하며, 함께 소통하는 방법을 다정하지만 명료하게 안내합니다. 학폭 문제가 법정에까지 이르는 시대에 우리가 과연 타인의 다름을 들여다보고 알아가려 노력을 해 본 적이 있었나 돌아보게 하기도 합니다. 삶의 모든 순간 친구가 되고 싶고, 친구가 필요했던 우리 모두의 우정 지침서와 같은 이 책을 교육 현장의 필독서로 추천합니다.

김수희 파주마지초등학교 교사, 포용적미래교육 경기도통합교육연구회 회장이 책을 '장애인식의 정석', '장애인식의 길라잡이'라 말하지 않을 수 없네요. 장애인식개선교육이나 장애이해교육, 인권교육에서 말하는 어려운 내용도 학생들이 이해하기 쉽게 풀어 써주셨습니다. 장애인과 친구가 되는 방법으로 시작해 최근 이슈가 된 장애인 이동권 문제에 이르기까지 담담하게 담아 내셨고요. 이 책으로 장애인으로서 차별받지 않을 권리, 인간으로서 존중받을 권리에 대한 생각을 되새길 수 있을 것입니다.

김지혜 한국장애인개발원 장애인식개선팀 차장

책 읽는 내내 선생님을 보는 것 같아 반가웠습니다. 여러 장애에 관한 오해를 풀어 가고, 어떻게 장애인과 비장애인이 어우러져 살아야 하는지 그 방법들을 선생님만의 글솜씨로 이해하기 쉽게 알려 줍니다. 글에서 느껴지는 따스함과 굳건함은, 사랑으로 제자들이 설 자리를 지켜 주는 든든한 지원군 권용덕 선생님과 같았습니다.

오정연 제자 곽동엽 어머니

초중고를 함께 다닌 도움반 친구가 있습니다. 매일 아침 등굣길에서 그 친구를 보는데요. 그 친구를 보며 항상 의문을 품었습니다. 어째서 장애 학생이 나와 같은 일반학교에 진학했는지, 어째서 장애를 극복하려 노력하지 않는지, 어째서 일반학급의 학생들이 그들과 어울리기 위해 노력해야 하는지. 편견에 똘똘 뭉쳐 장애가 있는 친구를 바라보던 나에게 이 책을 추천하고 싶습니다.

김가연 밀양여자고등학교 학생

함께하는 것이
당연하고 익숙하면 좋겠어요

저는 특수교사입니다. 특수학교를 비롯해 일반학교와 특성화고등학교의 특수학급 등 다양한 형태의 학교에서 18년째 아이들과 함께하고 있어요. 장애 학생과 비장애 학생이 함께 생활하는 일반학교에서 근무할 때 한 번은 이런 일이 있었답니다.

어느 가을날 우리는 수련회를 떠났어요. 체육활동을 하는 시간이었는데, 모자를 깊이 눌러 쓴 교관이 연달아 호루라기를 불었습니다. 준비운동을 하기 위해 반별로 줄을 서라는 신호였죠. 하지만 아이들은 한참이 지나도 줄을 설 의지가 보이지 않더라고요. 내가 나서서 줄을 세워야겠다 싶을 즈음이었어요. 맨 앞줄에 있던 특수 학급 아이가 팔다리를 흔들며 교관을 향해 "아이씨, 아이씨" 하고 반복해서 외쳤어요. 잠깐 고민했지만 말려야겠다 싶었습니다.

"민재야, 선생님한테 그런 나쁜 말 하면 안 되지."

그랬더니 민재는 "아니에요, 아니에요"라고만 했어요. 서로 같은 말이 여러 번 오가자 혹시 내가 잘못 들었나 싶어 미안한 마음이 들기 시작했는데요. 그때 민재 짝꿍이 그 오해를 풀어 주었습니다.

"선생님, 아이씨 말고, I see."

아차! 뒤통수를 한 대 맞은 듯했어요. 사실 민재는 '알겠다'고 대답한 거였어요. 웃어넘기긴 했지만 그때까지 나도 모르게 우리 아이들은 당연히 영어를 못할 거라 생각했나 봐요. 이날 이후 아이들의 대답을 몇 번이고 되뇌고 해석해 보는 버릇이 생겼답니다.

하마터면 오해가 생겼을 상황에서 민재 짝꿍의 도움을 받았어요. 늘 가까이서 지켜보는 저도 몰랐던 민재만의 표현을 짝꿍은 알고 있었어요. 두 사람이 서로의 옆자리에서 많은 시간을 보냈기에 가능했던 모습이겠죠. 이처럼 장애 여부와 상관없이 함께하는 것이 당연하면 좋겠어요. 그 이유는 단순합니다. 우리 모두 사회 구성원으로서 동등한 일상을 누리며 살아가야 하니까요. 하지만 아직까지 장애인을 불편하거나 어색하게 바라보는 시선이 흔하지요. '장애인은 이럴 거야'라고 구분해 여기는 편견도 많고요.

학생이 학교에 왔다고 "너 학교에 왜 왔어?"라고 물어보지 않잖아요. 마찬가지로 장애가 있는 학생이 일반 학급에서 수업을 듣고 친구들과 어울려 지내는 것이 너무나 자연스러워서 누구도 궁금해하거나 묻지 않는 환경이 되길 바랍니다. 이러한 환경에서 장애를 익숙하게 여기고, 이 익숙함 속에서 서로의 단점보다 장점을 찾으며 다름을 이해하려 노력하는 친구 사이가 되었음 해요.

이 책은 장애와 장애인에 관해 한 번쯤 떠올렸을 생각들을 통해 장애가 있는 친구와 우정 쌓는 법을 안내합니다. '장애가 있으면 무조건 도와줘야겠지?', '청각장애인과는 어떻게 대화해야 할까?', '지적장애인은 생각 주머니가 작다던데 투표를 할까?', '자폐가 있으면 천재겠지?'처럼 막연히 고민했지만 차마 묻지 못한 질문의 답을 찾아갈 수 있을 거예요. 그 과정에서 여러분 마음에 자리 잡았던 장애인에 대한 오해와 선입견이 녹아 사라지길 바랍니다.

마지막으로 이 책이 모두가 힘들이지 않고도 살아갈 수 있는 차별 없는 세상을 만드는 데 도움이 된다면 좋겠습니다.

우정 테스트 — 나는 너를 얼마나 알고 있을까?

장애와 장애인에 대해 얼마나 알고 있나요? 우리가 더 가까운 사이가 되려면 그만큼 서로를 잘 알아야 합니다. 다음 물음에서 무엇이 올바른 답인지 찾아봅시다.

Q. 움직임이 불편한 친구가 길을 가다 넘어졌다. 이 모습을 본 나의 행동은?

Ⓐ '내가 나설 때인가?' 망설이지 않고 도와준다.

Ⓑ 일단 물어보고 동의하면 도와준다.

 194쪽

Q. 시각장애가 있는 친구의 책상이 어지럽혀진 것을 봤을 때 나의 반응은?

Ⓐ 내 마음대로 치우면 친구가 물건을 찾기 어려울 수 있으니 그대로 둔다.

Ⓑ '깔끔한 게 최고지!' 물건들을 정리해 준다.

 30쪽

Q. 휠체어를 탄 친구가 시간이 한참 걸려 버스에 오른다. 그 모습을 보며 드는 생각은?

Ⓐ '일어서서 걸을 수 있으면 좋을 텐데.'

Ⓑ '휠체어를 타고도 편하게 다닐 수 있는 환경이면 좋을 텐데.'

 187쪽

Q. 발달장애가 있는 친구와 점심 메뉴를 고를 때 뭐라고 물어보면 좋을까?

Ⓐ "밥 먹을까? 빵 먹을까?"

Ⓑ "뭐 먹을까?"

 63쪽

Q. 자폐성장애가 있는 친구가 대화 중간에 갑자기 "물 줄까?"라고 한다면?

Ⓐ 목이 마르다는 표현일 수 있으니 물을 권해 본다.

Ⓑ "아니, 나 목 안 마른데?"

→ 116쪽

Q. 지적장애가 있는 친구와 같은 조가 된다면 어떻게 역할 분담을 할 것인가?

Ⓐ '어차피 못 할 테니까…' 친구를 빼고 과제를 나눈다.

Ⓑ 과제를 작게 나누어 친구가 할 수 있는 일을 맡긴다.

→ 139쪽

Q. 복도에서 자기 반을 못 찾고 있는 시각장애가 있는 친구를 본다면?

Ⓐ 내가 옆에 있음을 알리고, 내 팔꿈치를 잡게 한 뒤
길을 안내한다.

Ⓑ "그쪽 아니고 저쪽으로 가야 너네 반이야."

→ 158쪽

Q. 청각장애가 있는 친구와 길을 걷는데 뒤에서 자동차가 다가온다면?

Ⓐ 친구 어깨를 가볍게 두드린 후 상황을 알린다.

Ⓑ "위험해!" 친구를 내 쪽으로 잡아 끈다.

→ 173쪽

답: B, A, B, B, A, B, A, A

1

장애인은 무조건 도와줘야 하나요?

제가 다닌 대학교에는 장애가 있는 학생이 많았어요. 특히 휠체어를 이용하는 친구들이요. 하루는 기숙사에서 친구들과 놀다 기숙사 통금시간인 밤 12시가 다 되어 집에 가고 있었어요. 기숙사에서 집으로 가는 길은 오르막과 내리막이 반복되었는데, 건너편에서 수동 휠체어를 탄 여학생이 오르막을 힘겹게 오르고 있었어요. 모두가 늦을까 뛰어가는 상황에서 걱정되는 마음에, 그리고 왠지 모를 기사도 정신으로 휠체어를 향해 달려갔습니다.

저는 휠체어 뒤편의 손잡이를 잡고 오르막을 빠르게

오르며 "제가 밀어 드릴게요!"라고 외쳤어요. 당시에는 스스로의 행동에 뿌듯해하느라 그분의 표정을 보지 못했지만 "아, 괘, 괜찮아요!"라고 외치던 목소리는 기억에 남아요. 그때는 '괜찮다'는 말이 당연히 휠체어를 밀어 주는 것이 괜찮다는 허락의 의미로 알았어요.

오르막이 끝나고 여자 기숙사가 보이고서야 질주를 멈췄어요. 다행히 그분은 12시가 되기 전에 기숙사에 도착했고, 저는 집으로 가는 길 내내 뿌듯한 마음이 들었답니다. 그때 여학생은 마음이 어땠을까요? 어리고 철없던 저와 같은 마음이었을까요, 아니면 불쾌했을까요?

도움을 주는 사람, 도움을 받는 사람

크리스마스, 연말연시가 되면 TV에 항상 나오는 장면이 있어요. 어려운 이웃을 도와주는 훈훈한 모습들. 여기에 종종 장애가 있는 사람들이 등장하는데 늘 어렵게 살아가거나 도움이 필요한 상황이 그려집니다. TV를 보는 사람들은 무슨 생각을 하게 될까요? 장애인은 불쌍하고 늘 도움받아야 하는 존재로 인식하지 않을까요? 장애는 왜 수혜의 대상이 되어야 할까요? 도움은 주는 사람과 받는 사람이 정해져 있을까요?

도움이란, 도움을 필요로 하는 사람에게 도움을 줄 수 있는 사람이 행하는 거예요. 장애가 있다는 이유만으로 도움을 받아야 한다는 생각은 장애 자체를 나쁘게 보는 편견이기도 합니다. 장애는 나쁜 것이 아니라, 그 사람의 특징 중 하나예요.

제가 근무했던 한 학교에는 교내 카페가 있었어요. 특수학급 친구들의 진로 교육을 위해 매일 점심시간에 카페를 운영했는데, 그 수익금을 모아 아이들 이름으로 다양한 형태의 기부를 했어요. 가정형편이 어려운 학생들에게 장학금으로 전달하거나, 성인이 된 장애인의 삶을 지원하는 기관에 기부를 하고, 코로나19가 한창일 때 선별소에서 순서를 기다리는 사람들에게 핫팩을 나누어 주기도 했답니다. 그때 1만 개의 핫팩에 다음 문구를 적었지요.

우리는 누구나 도울 수 있어요

○○고등학교 특수학급
8명의 친구들이
학교에서 카페를 직접 운영해 얻은
수입금으로 마련한 물품입니다.
아이들의 따뜻한 마음이
여러분의 추위를
녹여 주길 바랍니다.

도움은 누구나 베풀 수 있음을 보여 주기 위한 활동이었어요. 아이들이 직접 기부하며 자부심을 느끼고, 함께 살아가며 나누는 문화를 배우기 위한 것이기도 했고요.

우리가 친구가 되려면

장애인에게 가장 큰 어려움은 장애 자체이기보다는 장애를 바라보는 불편한 시선과 편견인 것 같아요. 장애는 개인과 그 가족만의 책임이 아니라 사회 구성원 모두가 함께 고민해야 할 부분입니다. 그렇기에 장애가 있는 상대와의 올바른 상호작용을 위해 다음 사항을 기억해야 해요.

- 모든 인간은 태어날 때부터 평등하며 존중받을 권리를 가지고 있다.
- 장애를 차별이 아닌 개인적 차이로 봐야 한다.
- 장애인은 나와 함께 살아가는 공동체의 구성원이다.

이 3가지는 넓게 보면 모든 사람에게 해당해요. 장애인도 예외일 순 없어요. 우리가 친구가 되려면 서로 존중하고 차이를 인정하면 됩니다. 장애가 있는 친구가 어려움에 처한 상황에서 어떻게 해야 할지 몰라 무작정 도와준 경험이 있을 거예요. 그런 모습을 보면 처음이라 모르니 당연하다는 생각도 들고, 참 고맙기도 해요. 학업에 쫓겨 모른 척 넘어가는 경우가 더 많거든요. 그럼 학교에서 장애가 있는 친구를 처음 만났을 때 어떻게 행동해야 할

장애는 나쁜 것이 아니라,

그 사람의 특징 중 하나예요.

우리가 친구가 되려면

서로 존중하고 차이를 인정하면 됩니다.

무조건적인 도움은

오히려 그 친구가 성장할 기회를

빼앗아 간답니다.

까요?

우선 장애가 없는 친구들에게 하는 것처럼 자연스럽게 대해 보세요. 장애는 단지 그 친구가 지닌 하나의 특징일 뿐이니까요. 돕고 싶다면 먼저 도움이 필요한지 꼭 물어봐 주세요. 장애가 있어도 스스로 할 수 있는 것이 많을 뿐만 아니라, 도움을 받을지에 대한 자기결정권이 있기 때문이에요. 무조건적인 도움은 오히려 그 친구가 성장할 기회를 빼앗아 간답니다. 또 하나, 친구의 이름을 불러 주세요. '특수', '특수반'과 같은 명칭 말고요. 이 모든 것은 비단 장애가 있기 때문은 아니에요. 생각해 보면 모든 관계에 적용되는 기본적인 태도랍니다.

돕기 전에 묻기

다시 제 대학 시절 이야기로 돌아가 볼까요? 시간이 흘러 장애에 대한 저의 생각도 많이 바뀐 지금, 그때 일을 다시 떠올려 보았어요. 입장을 바꿔 생각해 보았죠.

횡단보도 앞에서 신호를 기다리다가 초록불로 바뀌어 건너가려는 상황이라고 해봅시다. 갑자기 누군가 뒤에서 저를 안아 올리더니 "횡단보도 건너게 도와드릴게요"라고 한다면 저는 어떤 기분이 들까요?

동의를 구하지 않고 일방적으로 돕는 것은 도움이 아니에요. 아무리 상대를 위한 행동이었다 하더라도요. 장애인은 항상 도움이 필요할 거라는 생각은 편견입니다. 누구나 무엇이든 할 수 있기에 어려움이 있어 보일 때만 다가가 먼저 물어보는 것이 예의예요. 이게 가장 중요한 에티켓이라 생각해요.

그리고 필요로 하는 도움만 수어야 해요. 지나친 친절이 때로는 상대를 힘들게 하니까요. 예를 들어 선의로 시각장애인이 쓰는 물건을 대신 정리해 주면 어떻게 될까요? 시각장애인은 내가 사용하는 물건을 정해진 위치에 두어야 다음 사용에 어려움이 없어요. 그런데 다른 사람이 정리한다면 물건을 찾기가 곤란해질 거예요.

식사를 할 때도 마찬가지예요. 배려한다고 숟가락에 반찬을 하나씩 올려 준다면 어떨까요? 물론 상대와 상황에 따라 다를 수는 있지만, 자신을 어린아이 취급한다는 기분이 들 수도 있겠죠. 이럴 땐 반찬마다 위치를 알려 주고 스스로 먹도록 하는 게 좋아요.

장애는 틀릴까 다를까?

글을 읽다가 또는 친구들과 이야기하다 보면 뭐가 맞는지 헷갈리는 단어들이 있어요. 바로 다음과 같은 표현인데요. 어떤 표현이 더 바람직한지 함께 생각해 볼까요?

(틀리다) VS (다르다)

(차이) VS (차별)

장애를 말할 때 사용하는 단어로 '틀리다'와 '다르다' 중에서 무엇이 옳은 표현일까요? 두 단어의 의미를 살펴보면 틀리다는 '맞지 않다, 옳지 않다'는 뜻이고, 다르다는 '같지 않다'는 뜻이에요. 두 단어는 이렇게 서로 의미가 다른데 혼동해 쓰고는 해요. 장애는 틀린 것일까요, 다른 것일까요?

예를 들어 볼게요. 우리 모두 각자의 생각이 있죠. 그 생각들은 같을 수도 있지만 다를 수도 있기에 종종 "나는 너와 생각이 달라"라고 이야기합니다. 생각이 같지 않다고 해서 "나는 너와 생각이 틀려"라거나 "네 생각은 틀렸어"라고 하지는 않잖아요. 서로의 다름을 인정하기 때문이에요. 장애도 마찬가지겠죠? 장애도 서로의 다름이기에 당연히 틀린 것이 아니라 다른 것이라 표현해야 해요. 저마다의 모습과 성향이 있으니까요. 장애인도 비장애인도 서로 다를 뿐이지 틀린 것이 아니랍니다.

'차이'와 '차별'도 마찬가지예요. 사람들은 서로의 다름인 차이가 있는 것이지, 차별된 존재는 아니에요. 차별은 둘 이상의 대상을 차이를 두어 구별하는 것으로, 개인이나 집단의 특성을 이유로 부당하게 나누어 대하는 행위예요. 우리 사회에는 인종, 문화, 종교 등 다양한 배경을 가진 소수자에 대한 차별이 여전히 많이 남아 있어요. 장애 역시 '다름'의 개념이니 장애가 있다는 이유로 차별해서는 안 됩니다.

좀 더 쉬운 예를 들어 볼게요. 성별, 언어, 외모, 성격, 학력 등은 서로의 차이로 볼 수 있는데, 이를 문제 삼아 남녀차별, 인종차별, 학력차별, 장애인 차별 등이 생겨나는 거예요. 그러니 장애는 차별이 아닌 차이라고 표현해야겠죠?

다음 마크를 본 적 있나요? 첫 번째와 두 번째 마크는 아마 많이 봤을 거예요. 첫 번째는 국제표준 마크로, 1968년부터 전 세계에서 가장 널리 쓰이고 있어요. 이 마크는 휠체어를 탄 사람이 움직임 없이 고정되어 있어 도움이 필요한 존재처럼 느껴지죠.

두 번째는 대한민국 표준 마크로 2002년에 제작되었어요. 장애인이 직접 휠체어를 밀고 가는 모습이에요. 장애인을 누군가의 도움을 받아야 하는 수동적 존재에서 스스로 활동할 수 있는 능동적 존재로 표현했다고 할 수 있어요.

장애인 마크

세 번째는 미국 뉴욕의 장애인 마크인데요. 사라 헨드렌이라는 디자이너가 고안한 것으로 능동적이고 역동적인 장애인의 모습을 보여 줍니다. 장애인 마크의 변화에서 보듯 장애인을 바라보는 시선도 변화하고 있지요.

정리해 보면, 도움은 도움을 필요로 하는 사람에게, 도움을 줄 수 있는 사람이 행하는 거예요. 누군가를 돕고자 할 때는 먼저 의사를 물어보고 도와주면 돼요. 함께 걸을 때 속도를 맞추고, 대화할 때는 충분히 이해하도록 천천히 말하면 됩니다. 상대의 나이에 맞게 대우하며 존중하고요. 생각해 보면 별것 아니랍니다. 우리의 다름을 인정하고 그 다름에 맞춰 서로를 대하면 되니까요.

2

우리가 불편해도
참아야 하나요?

대학 시절 친하게 지내던 선배가 있었어요. 뇌성마비가 있는 선배는 자유롭게 움직이는 데 어려움이 있어 휠체어를 타고 다녔죠. 하루는 선배가 부탁이 있다며 어렵사리 이야기를 꺼냈는데 병원에 같이 가달라고 했어요. 병원까지 가는 교통편이 걱정인 듯했어요. 저는 흔쾌히 동행하기로 했죠.

약속한 시간, 버스 정류장에서 선배를 만났어요. 우린 저 멀리 버스가 오는 걸 확인하고 준비했어요. 당시에는 저상버스가 없어서 선배를 안아서 버스에 태운 후, 다시 내려 휠체어를 접어 올려야 했거든요.

그런데 우리 모습을 본 버스기사가 멈추지 않고 지나가 버렸어요. 이런 일이 가끔 있다는 걸 알고 있었기에 사라지는 버스를 향해 욕 한번 시원하게 해주고 다음 버스를 기다렸죠. 하지만 같은 일이 2시간 가까이 반복되자 저는 도로로 뛰어들어 우리를 지나치려는 버스 앞을 가로막았어요. 깜짝 놀란 버스기사는 앞문을 열고 벌컥 소리쳤죠. 저는 화를 참지 못하고 싸우기 시작했고, 싸움 끝에 버스기사가 하는 말은 결국 이거였어요.

"왜 귀찮게 밖에 나와서 그래요. 장애인을 태우려면 한참 걸려서 운행시간을 맞출 수 없다고요. 그럼 우리 모두 기다려야 하잖아요."

그래도 그 버스에 꾸역꾸역 몸을 실어 병원으로 향했어요. 기다린 시간은 2시간, 버스를 탄 시간은 고작 20분이었죠. 병원 진료를 끝내고 돌아가는 길은 버스 타기를 포기했어요. 똑같은 일이 반복될 것 같았거든요. 우리는 걷고 걸어 1시간 반 정도 걸려 도착했답니다. 버스를 타고 병원에 도착한 시간보다 짧은 시간이 걸렸죠. 돌아가는 길에 선배에게 내가 느낀 감정을 이야기했어요. 그랬더니 선배

가 말했어요.

"내 장애보다 사람들의 시선이 더 힘들어. 장애인이라 차별받는 게 아니라, 차별받기 때문에 장애인이 되는 거 같아."

누구의 책임일까?

"우리 모두 기다려야 하잖아요." 그날 버스기사가 한 말을 되짚어 봅시다. 여기서 '우리'는 누구일까요? 아마도 장애가 없는 비장애인 집단이 아닐까요. 사회 구성원에서 다수를 이루는 비장애인이 소수인 장애인보다 우선되어야 한다는 잘못된 생각이 이런 일들을 만들어 낸다고 생각해요. 앞서 이해했듯 장애는 나쁜 것이 아니라 그 사람이 지닌 하나의 특징이에요. 장애는 개인의 잘못이 아니라는 말이지요.

오래전에는 장애를 개인의 문제라고 생각했어요. 그래서 장애라는 문제를 해결하기 위해 치료와 재활에 힘을

썼죠. 예를 들어 휠체어를 탄 사람이 계단이 있는 버스를 이용하지 못하는 것을 그가 걸을 수 없기 때문이라고 보았어요. 이런 분위기에서 많은 장애인이 사회로 나와 생활하기가 어려웠답니다.

시대가 변화하면서 장애를 바라보는 시선도 변했지요. 장애를 개인 문제가 아닌 사회 문제로 보기 시작했어요. 장애가 있어도 생활에 불편함이 없게끔 사회를 바꾸기 위해 힘쓰고 있어요. 휠체어를 탄 사람이 계단이 있는 버스를 이용하지 못하는 것을 버스에 오르는 방법이 계단밖에 없기 때문으로 보게 된 거죠. 그 결과 지금의 저상버스가 생겨났고, 많은 휠체어 이용자가 버스를 이용할 수 있게 되었어요. 이처럼 장애를 바라보는 관점은 장애의 책임을 개인에게 두었던 개별적 모형에서 사회에 두는 사회적 모형으로 옮겨 가고 있답니다.

장애는 극복의 대상이 아니에요. 장애는 감기처럼 나아지는 병이 아니라 영원히 계속되는 상태입니다. 장애를 극복하면 말 그대로 더 이상 장애가 아니에요. 장애를 이겨 내야 할 무언가로 생각한다면 평범하게 살아가는 장애인들은 노력이 부족한 사람으로 여겨지게 돼요. 모두가 그러는 것처럼 장애인도 일상을 살아갑니다.

요즘은 4차 산업혁명으로 로봇 기술을 이용한 장애 관련 연구가 활발히 이루어지고 있어요. 그중 하나가 하반신 마비 장애인이 걸을 수 있도록 보조하는 웨어러블 로봇이에요. 이러한 기술 개발로 언론은 앞다투어 '하반신 마비 장애인들, 장애를 극복하고 일어서다'와 같은 제목의 기사를 쏟아 내고 있는데요. 휠체어를 이용하는 한 지인이 저에게 이런 말을 했어요.

"나는 휠체어에서 내려 걷기를 원하지 않아. 다만, 휠체어로 편하게 다닐 수 있는 환경이 되면 좋겠어."

장애 당사자들은 극복을 원하지 않아요. 그저 누구나처럼 평범하게 살아가고 싶을 뿐이랍니다.

나도 학교에 가야 해

일상에서 장애인을 마주치는 상황을 떠올려 볼까요? 예를 들어 학교 가는 길에 휠체어를 탄 장애인이 내가 탄 버스에 탑승해요. 멈춰 선 저상버스는 천천히 리프트를 내리고, 휠체어를 탄 장애인이 버스에 오르면 리프트는 다시 천천히 올라옵니다. 등교 시간에 쫓기는 날이라면 이 시간이 특히나 더디게 느껴질 거예요. 더군다나 아침 시간 비좁은 버스는 부피가 큰 휠체어로 공간이 더욱 좁아졌을 테고요. 이때 많은 사람이 '저 사람 때문에 학교 늦을 거 같아!', '안 그래도 좁은데 더 좁아졌어', '왜 바쁜 시간에 나와서 여러 사람 힘들게 하는 거야?'라고 생각할 거예요. 충분히 할 수 있는 생각이에요.

그런데 그거 아세요? 모든 버스가 저상버스는 아니라는 걸요. 약 4대의 버스 중 1대만이 저상버스예요. 휠체어를 탄 장애인은 비장애인보다 버스를 더 오래 기다려야 하는 거죠. 심지어 저상버스가 다니지 않는 노선도 있어요. 여러분의 경험 속 그 사람은 어쩌면 30분 넘게 버스를 기다렸거나, 저상버스를 타기 위해 집에서 먼 곳까지 왔을 수도 있어요.

자유롭게 이동하는 것은 누구나에게 주어지는 기본적인 권리예요. 비장애인 대부분은 어려움 없이 다니기에 잘 모를 수 있어요. 하지만 장애인에게 길가의 턱, 건물에 연결된 계단, 버스와 지하철을 이용하기 위해 마주하는 수많은 계단은 오르지 못할 산처럼 느껴진답니다.

영국에서는 모든 버스가 저상버스로 운영되고 있어요. 왜 이런 차이가 생겨났을까요? 장애를 바라보는 관점의 차이에서 비롯된 것 같아요. 저상버스는 장애인만을 위한 버스가 아니에요. 모두가 편한 버스, 누구도 차별받지 않는 버스랍니다. 장애인뿐만 아니라 어린이, 노인, 임산부, 유아차나 무거운 짐과 함께 타는 사람 등 모든 사람에게 편리한 버스라는 거죠. 우리가 자주 이용하는 엘리베이터나 경사로 등도 마찬가지고요.

누구나 학교에 가고, 출근을 하며 살아가잖아요. 장애가 있다고 이러한 일상생활이 힘들어지면 안 된다고 생각해요. 그러니 사회는 구성원 모두가 기본적인 삶을 누리도록 변해야 하고, 장애인과 함께 살아가는 비장애인의 생각도 변해야 해요.

장애인을 부르는 말들

저는 웬만하면 '장애'라는 말을 잘 쓰지 않아요. 말 자체가 매우 부정적이기 때문인데요. 사전을 찾아보면 장애를 "어떤 사물의 진행을 가로막아 거치적거리게 하거나 충분한 기능을 하지 못하게 함. 또는 그런 일, 신체 기관이 본래의 기능을 하지 못하거나 정신 능력에 결함이 있는 상태"로 정의하고 있어요.

국어사전은 대부분 용어를 중립적인 입장에서 해석하는데 장애는 유독 부정적으로 설명하고 있고, 여기에 사람을 뜻하는 한자를 붙여 '장애인'이라 명명하죠. 그래서 저는 이 단어가 불편해요. 사전적 의미 때문인지 장애인의 반대말을 '정상인'이라 생각하는 사람들이 많아요. 정상인의 반대는 '비정상인'이에요. 장애인이 비정상인은 아니잖아요. 이 또한 편견에서 비롯된 생각이랍니다. 장애인의 반대말은 '비장애인'이에요.

주변이나 내가 자주 사용하는 말에서 바로잡아야 할 것이 있는지 생각해 볼까요? 대표적인 잘못된 표현으로 '장애자', '장애우'가 있어요. 장애자에서 '자'는 놈 자(者)로 상대를 낮잡아 이르는 표현이에요. 그러니 사람 인(人)을 사용해 장애인으로 표현하는 게 좋아요.

학교 복도에서 가장 많이 들리는 말 중 하나인 '애자'는 장애자의 줄임말로 상대를 놀리거나 혐오하는 상황에서 쓰이니 사용하지 말아야겠죠? 보태어 '병맛'은 어떤 언행이나 표현이 병신 같지만 재미있다는 의미로 쓰이는데요. 병신은 모자라는 행동을 하는 사람을 낮잡아 이르는 말로 주로 남을 욕할 때 사용해요. 그러니 이 말 또한 삼가야겠습니다.

'장애우'는 좋은 표현이라 생각하는 사람이 많은데, 역시 잘못된 표현이에요. 이 말은 장애인을 친근하게 부르기 위해 벗 우(友)를 써서 장애우로 부르자는 운동에서 시작되었어요. 무엇이 문제일까요?

장애우라는 표현은 장애인 당사자의 입장이 아니에요. 비장애인이 친구가 되어 주겠다는 태도가 담긴 단어랍니다. 장애인이 모두의 친구일 필요는 없잖아요. 그리고 장애우는 장애인을 타자화한 표현, 그러니까 장애인이 자기를 장애우라고 부를 수 없기 때문에 잘못된 표현입니다. 스스로를 친구라고 표현하는 꼴이 되니까요. 가장 정확한 표현은 장애인이 맞아요. 하지만 서로의 이름을 불러 주는 게 가장 좋겠죠.

장애 당사자들은 극복을 원하지 않아요.

그저 누구나처럼 평범하게

살아가고 싶을 뿐이랍니다.

가장 정확한 표현은 장애인이 맞아요.

하지만 서로의 이름을 불러 주는 게 가장 좋겠죠.

옛말 틀린 말 하나 없다더니

예로부터 전해져 온 말들은 잘못된 게 없으니 명심하라는 취지에서 '옛말 틀린 말 하나 없다'는 속담을 사용하고는 합니다. 정말 틀린 말이 하나도 없을까요?

속담	의미
눈 뜬 장님	눈을 뜨고 있으나 실제로는 보지 못하는 사람, 무엇을 보고도 제대로 알지 못하는 사람
장님 코끼리 만지기	일부분을 알면서 전체를 아는 것처럼 여기는 어리석음을 이르는 말
장님이 넘어지면 지팡이 나쁘다 한다	자기 잘못으로 그르친 일을 공연히 남의 탓으로 돌리는 경우를 비유적으로 이르는 말

위 속담들에서 공통으로 등장하는 단어는 '장님'이에요. 장님은 시각장애인을 낮잡아 부르는 표현이지요. 이미 단어에서 시각장애인을 낮추었는데, 속담에서 장님을 어리석고 무지하며 남 탓하는 사람으로 표현하고 있어요.

실제로 시각장애인이 그럴까요? 전혀 그렇지 않아요. 속담이 전달하고자 하는 메시지를 위해 시각장애인을 운운할 필요는 없어요. 이러한 말들은 장애와 장애인에 대한 잘못된 생각을 만들어 낼 뿐이랍니다.

속담	의미
꿀 먹은 벙어리	속에 있는 생각을 나타내지 못하는 사람을 비유적으로 이르는 말
벙어리 **냉가슴 앓듯**	답답한 사정이 있어도 남에게 말하지 못하고 혼자만 괴로워하며 걱정하는 경우를 비유적으로 이르는 말
벙어리 **속은** 벙어리**가 안다**	같은 처지에 있는 사람만이 그 마음을 알 수 있음을 비유적으로 이르는 말

위 속담들에는 공통적으로 '벙어리'라는 단어가 나옵니다. 벙어리는 언어장애인을 낮잡아 부르는 표현이에요. 이 속담들도 이미 단어에서 장애인을 낮추었는데, 속담에서 벙어리를 답답하고 표현하지 못하는 사람으로 그리고 있어요. 실제로 언어장애인이 답답한 사람들이냐 하면 그

렇지 않아요. 이들도 의사소통을 충분히 할 수 있거든요. 흔히 의사소통은 음성언어인 '말'로 이루어진다고 생각하는데 꼭 그렇지만은 않아요. 수어, 문자통역, 필담 등으로도 충분히 생각을 드러내고 나눌 수 있답니다.

이처럼 별생각 없이 써오던 말도 다시 한번 생각해 봐야 해요. 옛말도 틀린 것이 있으면 고쳐 쓸 줄 알아야 하지요. 그럼 우리가 언론에서 자주 접하는 표현도 한번 살펴볼까요?

언론 표현	의미
절름발이 정책	온전하지 못한 법
깜깜이 회계	확인할 수 없는 회계 내역
외눈박이 방송	왜곡되거나 편파적인 시각의 방송

'절름발이'는 지체장애인을 낮잡아 부르는 표현이에요. 절름발이 정책은 정치인이 상대방의 정책을 비난할 때 많이 사용하는데, 지체장애인이 옳지 않다는 얘기이니

'온전하지 못한 법' 또는 '잘못된 법'으로 고쳐 써야 해요. '깜깜이'는 시각장애인을 낮잡아 부르는 표현으로 알 수 없는 내용을 비유해 쓸 때가 많아요. 하지만 굳이 장애를 비하하는 단어를 써야 할까요? 바른 말로 바꿔도 의미는 충분히 통할 거예요.

'외눈박이' 또한 시각장애인을 낮잡아 부르는 표현이랍니다. 외눈박이라는 말은 주로 한쪽으로 치우친 시각을 이야기하고자 할 때 사용해요. 한쪽 눈으로만 보는 시각장애인이 왜곡된 사고방식을 지녔다는 생각은 부적절합니다. 반대로 두 눈으로 보는 사람은 모두 합리적인 사고방식을 지녔을까요? 사람마다 자신의 생각과 판단 기준이 있는데, 이는 장애와 관련이 없답니다. 외눈박이 방송은 '편파 방송'으로 바꿀 수 있어요. 이렇게 바꿔 쓸 단어가 있는데 누군가에게 상처를 주는 말을 사용할 필요는 없어요.

이 외에도 우리가 자주 사용하는 반팔티, 벙어리장갑, 외발자전거 등 한 번쯤은 그 의미를 생각해 볼 만한 단어가 많으니 찾아봅시다. 모두가 괜찮은, 누구에게나 합리적인 단어를 사용해야 한답니다.

바꿀 표현 ✎		바꿔 보기 ✎
반팔옷	→	반소매옷
벙어리장갑	→	
외발자전거	→	
	→	
	→	

3

의사소통이
안 될 때는
어떡해요?

한때 꿈이 여행작가였어요. 방학이 되면 늘 큰 배낭을 메고 한 달씩 해외여행을 다니며 이야기를 쌓아 갔지요. 그런데 저는 영어를 참 못해요. 외국인과의 소통에 두려움과 걱정이 앞서다 보니 스트레스를 받았죠. 여행하며 숙소를 예약하거나 물건을 구입하는 과정에서 영어로 대화를 해야 할 때면 머릿속으로 수십 번은 연습했어요. 그런데 이러한 일들에 익숙해지다 보니 눈치껏 생존의 길을 찾게 되더라고요. 온갖 표정과 손짓, 몸짓을 동원해서라도 대화를 잘 마무리하게 되었지요.

한국에서도 영어 스트레스는 계속되었어요. 한번은

거리에서 외국인이 길을 물었어요. 순간 머릿속이 하얗게 변했고, 대충 얼버무리고는 "쏘리, 쏘리"를 외치며 자리를 황급히 벗어났어요. '왜 나는 긴 시간 영어 공부를 해왔는데 기본적인 소통도 못할까?' 몹시 부끄러웠어요.

혹시 이런 경험을 해봤나요? 장애가 있는 친구와 소통이 안 돼서 곤란했던 적이요. 그때 여러분은 부끄러웠나요, 아니면 답답했나요?

내가 만약 그 친구라면

우리나라에서는 보통 한국말을 하죠. 그러니 사실 외국인의 물음에 영어로 답하지 못한다고 부끄러워할 필요는 없어요. 외국인이 한국말을 했다면 이런 일은 없었을 테니까요. 여러분은 장애가 있는 같은 반 친구와 소통이 어려울 때 어떤 감정이 들었나요? 대부분 소통이 잘되지 않아 답답함을 느꼈다고 해요. 그런데 장애가 있는 친구도 비슷한 기분이었을 거예요. 소통은 혼자가 아닌 상대와 함께하는 거니까요.

학교에서 만나는 장애 친구는 대부분 지적장애 또는 자폐성장애가 있어요. 지적장애와 자폐성장애를 '발달장애'라고 하는데, 발달장애 친구들은 특성상 의사소통에 어려움이 있다고 이야기해요. 여기서 의사소통은 말을 통한 의사소통을 의미하죠. 그러다 보니 의사소통이 잘 안 된다고 표현하는 것 같아요. 하지만 생각을 바꿔 보면, 의사소통을 꼭 말로만 하라는 법은 없어요. 표정이나 몸짓 같은 표현도 존재해요. 이러한 방법을 서로 알아간다면 충분히 의미를 나눌 수 있답니다.

소통은 사람과 사람을 연결하는 중요한 역할을 해요. 그래서 함께하고 싶은 사람과 소통하기 위해 노력하죠. 그럼 발달장애 친구들은 어떤 사람과 함께하고 싶을까요? 내가 만약 그 친구라면 어떤 친구를 만나고 싶어 할까요?

첫째는 나를 바라봐 주는 사람이에요. 관심을 가지고 바라본다면 내가 어떤 사람이고, 무엇을 원하고 좋아하는지 알게 돼요. 그런 상황에서 소통은 더 잘될 테니 더 좋은 관계를 맺게 되죠. 우리는 사람 대 사람으로서 좋은 관계여야 해요. 둘째는 적극적으로 소통하려고 노력하는 사람이에요. 내가 표현을 잘 못해도 포기하지 않고 이해하려 노력하는 사람을 만나고 싶어 합니다. 셋째는 무엇보다 나의 선택을 존중해 주는 사람이에요. 다른 사람이 뭐라든 내 말에 귀 기울이고 나를 생각해 주는 사람을 원한답니다.

그렇다면 발달장애 친구와 잘 지내려면 어떻게 행동해야 할까요? 먼저 친구를 존중해야 해요. 언어표현이나 생각이 미숙해 보일 수 있지만 여러분과 같은 성장 과정을 거치며 사회적 경험을 해왔어요. 당연히 그에 맞는 대우를 해야겠죠. 그리고 장애명과 장애 등급만으로 친구의 능력을 판단해서는 안 돼요. 자라 오며 어떤 경험을 하고 교육을 받았느냐에 따라 능력은 달라지니까요. 다음으로, 발달장애 친구 앞에서 행동이나 말을 주의해야 해요. 친구가 모를 것 같아도 다 알고 있답니다. 혹, 모르더라도 그러면 안 되겠지요.

발달장애 친구와 관계를 맺을 때는 똑같은 위치에서 보면 돼요. 나와 같이 감정을 느끼고 능력을 지닌 소중한 존재입니다. 인지능력이 부족하다고 나보다 못하다 생각하면 안 돼요. 너도 나도 잘하는 것이 있고, 못하는 것도 있죠. 우리는 결국 서로를 도우며 살아간답니다.

의사소통의 진짜 의미

발달장애 친구와의 의사소통에서 오는 어려움은 그 방법을 몰랐기 때문이에요. 누구의 잘못도 아니에요. 다음에는 이런 점에 유의하면 좋아요. 항상 존중하는 마음으로 그 친구의 나이에 맞게 대우해 주세요. 말할 때는 구체적인 단어를 사용하고, 필요한 경우 문장을 반복해 주면 이해를 도울 수 있어요. 시각장애인에게 길을 안내하는 것처럼, 발달장애인에게는 이해를 안내해야 해요.

대화가 어느 정도 가능하다면 '예'나 '아니오'를 묻는 질문이 아닌, 열린 질문으로 친구가 스스로 사고하고 선택할 기회를 주면 좋아요. 예를 들면 "밥 먹을까, 빵 먹을까?"보다는 "뭐 먹을까?"라고 물어보세요. 친구의 대답을

소통은 혼자가 아닌
상대와 함께하는 거니까요.

내가 만약 그 친구라면
어떤 친구를 만나고 싶어 할까요?

똑같은 위치에서 보면 돼요.

나와 같이 감정을 느끼고 능력을 지닌

소중한 존재입니다.

알아듣지 못했다면 이해한 척하지 말고, 다시 물어봐 주세요. 마지막으로, 다양한 활동에 참여하며 언어를 사용할 기회를 주면 좋답니다.

의사소통은 인간관계를 이루고 이어 가는 데 중요한 수단이에요. 또한 목적이 있고, 사람들 사이에서 이루어지는 사회적인 행동이랍니다. 언어적·비언어적으로 이야기하면서 생각과 감정, 정보, 행위를 전달하지요. 그 과정에서 화자와 청자는 서로 의미를 나누고 자신이 가진 배경지식으로 의미를 재구성하고요.

의사소통을 꼭 말로만 해야 한다는 고정관념에서 벗어나야 해요. 표정, 몸짓, 몸사세 등 오랜 관찰과 관심으로 친구의 다양한 비언어적 소통 방법을 알아차릴 수 있어요. 작은 움직임의 의미까지 알고 반응한다면 친구는 더 많이 표현하려 노력할 거예요.

발달장애 친구와 의사소통에서 꼭 기억해야 할 점을 정리해 봅시다. 첫째, 다양한 의사소통 방식이 존중받아야 해요. 둘째, 우리 모두 이미 각자의 방식으로 의사소통하고 있어요. 발달장애 친구들도 마찬가지예요. 그러니 친구의 방식을 관찰해 파악하는 것이 중요해요. 셋째, 발달장애 친구와의 의사소통은 말하기를 넘어 다양한 의미를 만들어 가는 과정이에요. 서로가 자신의 방식으로 표현하고 함께 뜻을 나누며 행복할 수 있어요. 넷째, 대화하는 사람의 태도는 발달장애 친구의 적극성에 영향을 줘요. 친구를 진심으로 존중하는 자세와 목소리가 중요하답니다.

우리가 더 친해지려면

발달장애 친구와 더 가까운 사이가 되려면 더 좋은 의사소통 방법이 필요해요. 다음과 같이 하면 좋아요.

대화를 할 때는 친구의 능력과 경험에 맞는 문장을 사용해요. 문장을 반복해서 말해 주면 확실히 이해하는 데 도움이 돼요. 짧은 시간에 너무 많은 말이나 질문을 하는 건 피해야 해요. "오늘 몇 시에 일어나서 뭐 타고 학교에 왔어?"보다는 "오늘 몇 시에 일어났어?"라고 먼저 묻고,

답을 듣고 나서 "뭐 타고 학교에 왔어?"라고 물어보면 좋아요.

이해를 돕기 위해 시각 자료를 이용해 보세요. 시각 자료란 사진, 그림, 실제 물건 등 눈으로 볼 수 있는 모든 것이에요. 달력, 일정표도 포함돼요. 시각 자료와 함께 이야기하면 상황과 의미를 말로만 설명할 때보다 더욱 자세히 인지할 수 있답니다.

관용어나 축약된 표현은 되도록 쓰지 않도록 해요. 숨은 의미가 있는 관용어보다는 문장을 바로 이해할 수 있게 직접적으로 말하는 거죠. "손이 크다"보다는 "씀씀이가 크다"로 표현해요. 청소를 하라는 의미에서 "방이 엉망이다"보다는 "방 청소를 해야겠다"로 표현하는 것이 좋고, "방이 엉망이네, 방 청소를 해야겠다"는 더 좋은 표현이라 할 수 있어요.

추상적인 단어보다는 구체적인 단어를 사용해 주세요. 그리고 일상에서 흔히 쓰는 단어여야 해요. "어디가 불편해?"보다는 "머리가 아파? 다리가 아파?"가 더 좋답니다. 이와 함께 존중받는 느낌을 준다면 발달장애 친구

는 더 많은 의사소통을 시도할 거예요.

자연스럽게 대화하면서 가능한 한 긍정적인 표현을 사용해 보세요. "이거 하지 마", "돌아다니지 마"보다는 "저거 해볼까?", "앉아서 하자"로 표현하는 게 좋죠. 또, 친구가 해야 하는 행동이나 상황을 분명하게 알려 주고, 질책하거나 위협하는 표현은 쓰지 말아야 합니다.

발달장애 친구뿐만 아니라 모두와 함께 잘 살아가기 위해 갖춰야 할 자세가 있어요. 다음의 마음가짐을 기억해야 해요.

- 이해하기
- 인내하기
- 경청하기
- 평등한 관계 맺기
- 실수할 권리 보장하기

관계에서 가장 중요한 건 존재로서의 인정과 존중, 그리고 관심과 사랑이에요. 장애가 있건 없건 마찬가지라 생각해요. 여러분도 주변의 누군가를 먼저 인정하고 존중해 주세요. 그리고 관심과 사랑을 실천해 보기를 바라요. 이 모든 것은 반드시 여러분에게 돌아올 거예요.

관계에서 가장 중요한 건

존재로서의 인정과 존중,

그리고 관심과 사랑이에요.

장애가 있어도
일할 수 있나요?

어느 경찰관이 시민의 안전을 위해 열심히 일하다가 교통사고를 당했어요. 치료와 재활로 어느 정도 건강을 회복했고, 이후 휠체어를 타고 생활하게 되었어요. 다시 일하기 위해 복직 신청을 했지만 받아 주지 않았다고 해요. 영구적인 장애가 생겨 기존의 업무를 수행할 수 없다는 것이 이유였죠.

이 이야기는 스페인에서 실제 있었던 일이랍니다. 경찰관은 일터로 돌아가기 위해 소송을 제기했지만 결국 일자리를 잃게 되었다고 해요. 어떤 사람들은 당연하지 않냐고 말해요. "하던 일을 못하게 되면 당연히 그만두는 게 맞지 않아?"라고요. 이전과 같은 일을 할 수 없으니 퇴직 처리를 하겠다는 주장에 경찰관은 이렇게 말했대요.

"장애가 있어도 다른 업무로 바꿔 준다면 일할 수 있습니다."

퇴직을 요구하기 전에 다른 업무를 할 수 있는지 당사자와 충분히 논의했다면 결과는 달라졌을까요? 아니면 장애가 생기면 일할 권리가 사라질까요?

출발점을 달리하는 달리기

우리나라에도 비슷한 사건이 있었어요. 북한군이 우리 땅에 몰래 침범해 묻어 둔 목함지뢰를 군장병들이 밟아 폭발한 DMZ 목함지뢰 폭발 사건인데요. 이 사건으로 한 군인은 한쪽 다리를, 다른 군인은 한쪽 발목을 절단하는 심각한 부상을 입었어요. 두 사람은 회복 후에 군 생활을 계속할 수 있었어요. 보직을 변경해 국군사이버사령부와 국군의무사령부로 재배치되었거든요.

이처럼 장애가 있다고 해서 일을 못할 거라 판단하기보다는 계속 일할 수 있도록 지원하거나 충분히 수행할 만한 업무로 바꿔 준다면 능력을 발휘할 거예요. 일을 할 수 있고 없고는 본인이 판단하고 선택하는 것이랍니다. 능력을 평가받을 수 있도록 기회가 주어져야 해요. 우리는 모두 일할 권리가 있거든요. 우리나라 헌법을 보면 노동은 의무이면서 권리예요. 누구나 일할 수 있고, 일해야 하죠. 이는 장애가 있다고 해서 잃어버리는 것이 아니며 장애인과 비장애인은 똑같은 인간이라는 뜻이랍니다. 유엔 장애인권리협약을 보면 장애인이 누려 마땅한 권리 6가지를 제시하고 있어요.

1. 차별받지 않을 권리
2. 인간으로서 존중받을 권리
3. 건물·대중교통·정보통신서비스를 이용할 권리
4. 폭력이나 학대를 받지 않을 권리
5. 교육받을 권리
6. 일할 권리

일을 할 수 있고 없고는

본인이 판단하고 선택하는 것이랍니다.

우리는 모두 일할 권리가 있거든요.

6가지 원칙을 바탕으로 장애인 차별금지법이 제정되었는데, 여기에는 고용에 관한 내용도 들어가요. 근로관계에서 장애인을 차별하면 안 된다는 것인데요. 근로관계는 모집, 채용, 임금, 승진, 정년, 퇴직 및 해고와 관련된 모든 사항을 뜻한답니다. 다시 말해 장애인도 비장애인과 똑같이 취직하고 일하며 승진할 권리가 있어요.

비장애인과 공평한 환경에서 일할 수 있도록 필요에 따라 지원받을 수도 있지요. 휠체어를 이용하는 사람을 위해 건물에 경사로를 설치하거나 높낮이 조절이 가능한 책상을 두기도 하고, 시각장애가 있는 사람에게는 서류 내용을 음성으로 바꿔 주는 기기를 제공하기도 해요. 이러한 지원은 모든 사람이 동등한 조건에서 일할 수 있게 한답니다. 여기서 동등한 조건이란 모두에게 같은 조건이 아니라 개개인의 특성에 맞는 조건임을 알아야 해요. 출발점이 같은 달리기가 아닌, 도착점에 함께 들어올 수 있도록 출발점을 달리하는 달리기인 거죠.

법을 통해 다양한 지원이 제공되고 있음에도 취업하는 장애인은 생각보다 많지 않아요. 많은 사람이 대학을 가고, 졸업 후 직업을 가지고 살아가는 것이 누군가에게는 꿈일 수 있다는 거죠. 장애가 있다는 이유로 권리와 의무인 노동에서 배제되는 것이 옳다고 할 수 있을까요?

일할 수 있는 몸, 일할 수 없는 몸

장애가 노동에서 차별의 기준이 된 이유는 무엇일까요? 과거 농사를 지으며 살아가던 시대에는 정해진 농지와 수확량이 있었어요. 그래서 개개인의 능력이 떨어져도 사람이 많을수록 좋았지요. 예를 들어 어떤 마을에서 일정한 땅에 과일 농사를 지어요. 이 마을에는 12명의 주민이 있는데 2명은 장애인이에요. 비장애인은 하루에 과일 100개를, 장애인은 50개를 딸 수 있지만 모두 함께 수확했습니다. 어차피 수확할 과일 개수는 정해져 있으니 노동력과 상관없이 같이 일해서 더 빨리 끝내고 비슷하게 나누면 되었으니까요.

시간이 흘러 농업 사회에서 산업 사회가 되면서 상황은 달라졌어요. 최대 이익을 목표로 하는 공장의 고용주는 능력이 높은 사람이 일하길 선호했거든요. 공장에서 한 사람이 하루에 만들어야 할 물건을 100개로 정했다면 50개를 만드는 사람은 고용하지 않았죠. 이익을 내기 위해 100개, 그보다 더 많이 생산하는 사람을 뽑은 거예요. 이러면 물건을 최대 50개 만드는 장애인은 노동할 기회 자체를 박탈당하게 되죠. 이렇듯 산업화로 정해진 시간에 일정 수준 이상의 노동력이 요구되면서 장애인은 노동에서 소외되었다고 해요. 이 과정에서 장애가 있는 몸은 '일할 수 없는 몸'으로 잘못 정의되었고요.

아직 우리나라는 노동의 기준이 무언가를 만들어 내고 수익을 내는 데에 머무르는 듯해요. 장애인을 적극적으로 고용하지 않는 걸 보면 그렇죠. 그래서 법으로 정해 놓았는데, 바로 장애인 고용의무제도예요. 이 제도에 따르면 국가와 지방자치단체, 공공기관과 민간기업은 전체 인원의 일정 비율만큼 장애인을 고용해야 해요. 하지만 현실은 그렇지 못해요. 대부분이 벌금을 내고 말죠. 벌금

이 훨씬 적은 비용이기 때문이에요.

장애인을 고용하면 다양한 지원을 해야 하니 고용을 꺼리기도 하죠. 장애인에 대한 편견도 여전히 남아 있고요. 장애가 있으면 일을 못할 거라는 생각, 함께 일하면 불편할 거라는 생각이 걸림돌이 되기도 합니다.

다른 나라에도 장애인 고용의무제도가 있어요. 이를 지키지 않으면 고용할 때 드는 비용보다 훨씬 큰 비용을 벌금으로 내게 하거나, 장애인을 고용했을 때 충분한 지원을 제공해 고용이 잘되는 나라들도 있어요. 그래서 우리나라도 장애인 의무고용 비율과 벌금을 높이는 등 제도를 바꿔 나가야 한다는 목소리가 커지고 있답니다.

월급 30만 원은 좋은 조건일까?

최저임금제가 무엇인지 알고 있나요? 근로자에게 일정 금액 이상의 임금을 지불하도록 법적으로 정해 둔 제도인데요. 근로자가 안정된 생활을 해나갈 수 있도록 보장하기 위해 만든 법이랍니다. 매년 시간당 최저시급을 정하고 이를 기준으로 월급이 결정되지요. 이는 우리나라에서 일하는 모든 사람에게 적용됩니다.

하지만 예외가 있어요. 모두를 위한 제도에서 예외라니, 이상하지 않나요? 최저임금법 제7조를 보면 다음의 사람에게는 최저임금제를 적용하지 않는다고 나와 있어요.

- 정신장애나 신체장애로 근로능력이 현저히 낮은 사람
- 그 밖에 최저임금을 적용하는 것이 적당하지 아니하다고 인정되는 사람

법에 따르면 장애인에게는 최저임금을 주지 않아도 된다고 해요. 최저임금 이상을 받기도 하지만, 최저임금도 받지 못하고 지내는 제자들도 있어요. 대표적으로 장애인 보호작업장에서 일하는 친구들이 그래요. 보호작업장에서 일하면 평균 10~30만 원 정도의 월급을 받으며 살아가요. 물론, 근로능력이 낮은 장애인으로 구성된 작업장은 수익이 많이 나지 않으니 최저임금을 맞춰 주기가

어려울 수 있어요. 하지만 한 달에 그 정도 돈을 받고 일상 생활을 유지할 수 있을까요? 안정된 생활을 보장해 주는 최저임금법에 왜 예외 조항을 만든 걸까요?

진로가 궁금해

지금의 상황이 어렵다고 볼멘소리만 할 수는 없어요. 중학생, 고등학생이 되면 누구나 진로를 고민하게 되지요. 장애가 있는 친구들도 마찬가지예요. 앞으로 어떤 일을 하며 어떤 삶을 살아갈지 미래를 고민하고 준비해요. 우리나라에서는 대부분 대학 진학을 준비하잖아요. 장애가 있어도 공부하는 데 어려움이 없으면 거의 일반대학에 가요. 원하는 대학과 전공을 목표로 열심히 공부하죠. 그렇다면 여러분이 학교에서 자주 마주치는 발달장애 친구들은 어떤 진로를 선택하고 준비할까요?

발달장애가 있으면 보통 취업을 해요. 최근 들어서는 대학 형태의 기관에도 많이 진학하고 있고요. 취업을 선택한 친구들은 앞서 말했듯이 대부분 장애인 고용의무제도에 따라 장애인을 뽑는 곳에서 일하고 최저임금 이상의 월급을 받아요. 장애인 보호작업장에도 많이 취업하는데 이곳은 중증 장애인 중심의 일자리예요. 종이상자 접기, 물건 포장하기, 세탁하기 같은 단순 작업을 하죠. 안타깝게도 최저임금은 보장받지 못한답니다. 그리고 단순 작업을 할 만한 근로능력이 안 되면 훈련기관에 가서 교육받기도 해요.

　장애인이 일할 수 있는 직종은 매우 한정적이지만, 매년 새로운 일자리가 생겨나고 있어요. 최근에는 카페에서 음료를 만드는 바리스타, 복지관이나 병원에서 휠체어를 관리하는 휠마스터, 대형마트나 백화점 물류센터에서 상품을 분류하고 포장하는 온라인패커, 꿀벌을 키우며 지구 환경을 지키는 도시양봉가, 자동차 자율주행의 기초를 만드는 데이터매니저로 일하고 있지요. 이 외에도 요양보호사 보조, 제과제빵사, 드라마 콘텐츠 발굴원, 무장애여행 플래너, 알기쉬운자료 감수원, 새싹재배사 등 수많은 직업이 개발되고 취업이 이루어지고 있답니다.

최근 발달장애인을 대상으로 일하는 이유를 알아보았어요. 조사에 따르면 "돈을 받고 싶어서"가 75%로 가장 많았다고 해요. "일하는 것이 좋다"고 응답한 사람은 73%나 되었고, "하는 일이 재밌다"고 한 사람도 65%였어요. 하지만 현실은 어떨까요? 장애인의 근속기간은 1년 미만이 제일 많았어요. 근무시간은 4시간, 4~7시간, 8시간이 각각 30% 정도로 비슷했고요. 월급은 50~100만 원이 약 40%로 가장 많았는데, 50만 원 미만도 20%나 되었어요. 일하고 싶어 하는 장애인들에게 일할 수 있는 기회가 부족함이 여실히 드러난 결과였죠.

누군가에게는 당연하지만
누군가에게는 특별한

저는 졸업한 제자들과 인연을 이어 오고 있어요. 그중 특히 자주 만나고 연락하는 친구가 있는데, 졸업한 지 5년이 지난 제자랍니다. 이 친구에게는 부모님과 두 명의 형이 있는데 모두 지적장애가 있어요. 그래서 고등학교 3학년 때부터 진로와 졸업 후 삶에 관해 이야기를 나누며 지원하고 있죠.

다행히도 독립생활에 대한 의지가 강한 친구였어요. 열심히 취업 준비를 하면서 자격증을 따고 장학금도 받았습니다. 1년이 지난 뒤 본인이 원하는 일자리에 바리스타로 취직했고, 공동생활 가정에서 지내기 시작했어요. 공동생활 가정은 여러 명이 함께 살며 완전한 독립을 위해 자립 능력을 키우는 시설을 말해요. 한마디로 그토록 바라던 취업과 독립을 모두 이루었지요. 월급을 받고 처음에는 논 관리가 안 돼서 용돈이 늘 부족했지만, 지금은 스스로 잘하고 있어요. 이제 통장에 제법 많은 돈이 모였답니다.

제자의 꿈은 엄마와 함께 사는 거예요. 돈을 좀 더 모아 나라에서 지원하는 주택을 구입하고 그곳에서 엄마와 둘이서 살고 싶대요. 그게 무슨 꿈이고 목표냐고 할 수 있지만, 이 친구에게는 평범한 일상을 살아가는 게 꿈인 거죠. 아침에 일어나 출근하고, 일터에서 동료를 만나고, 함께 식사하며 퇴근하는 하루. 퇴근길에 누군가를 만나 이야기를 나누기도 하고 가족과 함께 따뜻한 저녁시간을 보내기도 하는 그런 일상. 누군가에게는 당연하지만 또 누군가에게는 특별한, 쉬운 듯 어려운 평범한 일상. 이러한 일상을 장애와 상관없이 모든 사람이 누리는 날이 오면 좋겠어요. 그게 제 꿈이에요.

5

특수학교에
가는 게
낫지 않나요?

남학교 등굣길에서 보는 아이
들은 대부분 과묵한 모습이에요. 간혹 친한 아이들이 마
주쳐 대화를 나누면 그 소리가 제 귀에 속속들이 들려옵
니다. 하루는 이런 이야기를 듣게 되었어요.

"우리 반 특수 있잖아. 걔는 왜 특수학교 안 가고 우리
학교에 왔을까?"

당시 근무하던 학교는 특이하게도 낮은 산등성이를
경계로 울타리를 치고 특수학교와 붙어 있었거든요. 친구
말에 다른 아이는 이렇게 대답했어요.

"그러게. 옆에 특수학교 두고 왜 우리 학교에 와서 수

업 방해하고 그러나 몰라. 특수학교로 보내 버릴 수 없
나?"

"내 말이. 특수가 없었으면 좋겠어."

학교 후문과 연결된 특수학교 정문을 지나며 아이들
의 대화가 끝이 났는데요. 사실은, 이어지는 대화를 더 듣
고 싶지 않아 귀를 닫았던 것 같아요.

특수가 없었으면 좋겠어

우리는 매일, 매 순간 선택을 하며 살아갑니다. '아침에 일
어나 밥을 먹고 학교에 갈까, 아니면 좀 더 자는 대신 굶고
갈까?', '이번 주말에는 친구를 만날까, 아니면 보고 싶었
던 책을 읽을까?' 저 멀리 미래에 대한 선택도 하지요. '나
는 자라서 무엇을 하며 살아갈까?', '진로를 위해 어떤 준
비를 해야 할까?'처럼요. 앞으로 다닐 중학교나 고등학교
도 선택하게 됩니다. 대부분이 집과 가까운 학교에 가지
만 특성화고등학교처럼 내가 원하는 학교를 찾아 멀리 다

니기도 하죠. 지금 여러분 주변에 있는 친구들은 어떻게 우리 학교에 오게 되었을까요? 특수학급 친구들은 어떻게 이곳에 오게 되었을까요?

'장애가 있으면 특수학교에 가는 게 낫지 않을까?'라는 생각을 한 번쯤 해봤을 거예요. 무엇이 옳은지 우리 한 번 생각해 볼까요? 한 친구가 내뱉었던 "특수가 없었으면 좋겠어"라는 말은 애석하게도 학교에서 많이 들리는 말이에요. 악의를 가지고 하는 말은 아닐 거예요. 단지 왜 장애가 있는 친구와 함께 학교를 다녀야 하는지를 몰라서 하는 얘기라 믿어요. 다만 특수학급 친구들이 언제까지 학교에서 이런 존재로 살아가야 하는지, 언제까지 이름 없이 '특수'로 불려야 하는지, 그리고 이러한 상황을 어떻게 바꿔 나가야 할지 고민입니다.

고민 끝에는 늘 정답이어야만 하는 답이 놓여 있어요. 바로 '존재의 익숙함'이에요. 우리는 서로에게 익숙해져야 합니다. 그래서 통합교육이 필요하고 존재하는 거예요. 통합교육은 장애 학생과 비장애 학생이 같은 환경에서 어울리며 교육받는 방식이지요. 우리는 서로 다르지만 서로에게 언제 어디에서나 익숙한 존재여야 해요.

장애는 ◯◯◯◯이다

등굣길 아이들의 대화를 듣고 나니 다른 아이들의 생각이 궁금했어요. 모두가 특수학급 친구들은 수업을 방해하고, 학급에 없었으면 하는 존재로 여길까요? 모두의 생각이 아니길 바랐습니다. 그래서 휠체어를 타는 호주 작가 스텔라 영의 '난 당신에게 영감을 주는 사람이 아닙니다'라는 TED 강연 영상을 보고 상애에 대한 사신의 생각을 적어 보는 시간을 마련했습니다. '장애는 ◯◯◯◯이다'라는 문장에 빈칸을 채워 장애를 한마디로 표현하고, 그 이유를 쓰게 했어요.

　약 1,000명의 아이들이 자신의 생각을 열심히 적어 제출했답니다. 글을 정리해 보니 아이들은 219가지 표현으로 장애를 정의했어요. 많은 아이가 장애는 '편견', '평범함', '개성', '다름', '나쁘지 않은 것', '부끄럽지 않은 것'이라고 표현했는데, 그중 장애를 '착시'라고 정의한 글이 가장 기억에 남습니다.

장애는 （착시）다

제주도에 '거울의 성'이라는 장소가 있다. 거울의 성에서는 거울을 이용해 착시를 일으킨다. 사람들은 착시 때문에 원래 모습을 보지 못하고 왜곡된 모습을 보게 된다.

장애 역시 마찬가지다. 장애인은 비장애인과 다를 바가 없다. 모든 사람이 서로 다른 외모와 신체를 가지고 태어나는 것처럼 장애인 역시 다른 신체 구조로 태어나는 것이다. 하지만 신기하게 사람들은 '장애'만 특이하게 본다. 마치 똑같은 것을 보더라도 착시가 일어난 것만 다르게 보는 것처럼 말이다.

장애를 바라보는 편견이 사라지면 장애인은 '특별한 사람'이 아닌 '동일한 사람'으로 인식될 것이다. 장애인들의 신체적·정신적 특징 역시 누구에게나 있는 서로 간의 차이점으로 이해될 것이다. 착시가 사람의 본모습을 보지 못하게 하는 것처럼 편견에서 비롯된 왜곡 때문에 우리는 장애인의 참된 모습을 보지 못하고 있다. 고로, 이 편견을 없애야 한다고 생각한다.

이 글은 장애는 착시이고 착시에서 편견이 생긴다고 말하고 있어요. 그리고 이 편견을 걷어 내면 모두가 동일한 사람으로 인식될 것이라고 합니다. 이 글을 읽는 순간 등굣길에서 들은 아이들의 대화는 일부의 생각이구나 싶어 안도의 한숨을 내쉬었어요. 하지만 1,000여 개의 글을 읽을수록 고민은 깊어 갔습니다. 이름을 적고 쓰는 글임에도 장애를 비하하고 욕하는 아이들이 많았기 때문이에요. '불청객', '돌연변이', '외로움' 같은 부정적인 표현으로 생각을 내비쳤는데, 특히나 장애를 '불쌍함'이라고 말하는 글이 많았어요.

장애는 정말 불쌍한 것일까요? 가장 가슴을 아프세 한 표현은 '뻔뻔한 존재'였습니다. 글을 쓴 아이는 "장애인은 도움을 주었을 때 오히려 더 많은 도움을 요청하고, 고맙다는 인사도 하지 않는 뻔뻔한 존재"라고 이야기했습니다. 그리고 수많은 글 속에서 자주 등장하는 문장이 있었는데, "왜 특수학교에 안 가요?"였어요.

우리가 함께하는 이유

장애를 바라보는 부정적인 시선이 많음에도 우리가 함께 학교를 다녀야 하는 이유는 무엇일까요? 우리는 모두가 다 다르죠. 이를 '다양성'이라고 해요. 학교에서나 사회에서나 우리는 다양한 사람과 만나 서로를 인정하고 존중하며 살아갑니다. 통합교육은 이를 준비하기 위해 존재한다고 생각해요.

처음에는 장애가 있는 친구를 어떻게 대해야 할지 몰라 망설이기도 하고, 무작정 도와주기도 합니다. 모르니까 당연하다고 생각해요. 이러한 과정을 거치며 함께하는 시간이 늘어나다 보면, 서로의 존재를 익숙하게 여기게 되고, 이 익숙함 속에서 서로의 장점도 찾아갑니다. 그리고 같이 어울리기 위해 배려하고 노력하지요. 교사와 학생들은 서로에게 동일한 기대를 가지고 동등한 존재로 바라보게 되며, 다양성을 받아들이는 포용력이 넓어지게 됩니다. 장애가 있는 친구뿐만 아니라 모든 구성원 사이의 다름을 이해하고 감싸 받아들이게 되지요.

우리는 서로에게
익숙해져야 합니다.

통합교육은 단순히 장애를 이해하는 데에서 머무르지 않아요. 장애에서 비롯되는 불편함을 모두가 나누고, 그 불편함을 해소하기 위한 방법을 찾아가며 함께하기 위한 방안을 마련한답니다. 이러한 과정이 졸업 후 사회에 나가서도 이어져 모두가 어울려 살아가는 사회를 이루는 것이 통합교육의 목표라고 생각해요. 그래서 통합교육은 비장애 학생을 위한 교육이라고도 할 수 있습니다. 물론 모두를 위한 교육이 더 맞지만요.

특수학급 친구들은 대부분 발달장애가 있어요. 특수학급에서는 발달장애 학생들을 위해 만들어진 교과서로 공부하는데, 일상생활에 필요한 기초 지식과 대인 관계, 학교생활과 사회생활, 직업기술 등을 배운답니다. 여러분이 배우는 내용과는 많이 다르기도 하고 쉬워 보일 테지만, 그렇다고 친구가 수준이 낮거나 많은 것을 하지 못할 거라 생각하면 안 됩니다.

장애가 있다는 이유로 능력을 짐작해 대한다면 그 친구와 가까워질 수 없어요. 나와 같은 존재로 대하며 적극적으로 생각을 나누고, 우리가 함께하기 위해 무엇을 어떻게 해야 할지 친구 입장에서 고민해야 합니다. 그리고 장애가 있다고 해서 배우지 못할 일은 없습니다. 시간이 좀 더 걸릴 뿐 많은 것을 할 수 있거든요.

특수학교든 일반학교든 학교를 선택하는 주체는 학생이어야 해요. 특수학급 친구도 마찬가지예요. 특수학교가 아닌 일반학교를 스스로 선택하고 그 선택에 따라 지금 학교에 오게 된 것입니다. 서로 배려한다면 모두가 즐거운 학교가 될 수 있어요.

서로에게 익숙해지기

일반학교에 다니는 장애 친구의 반은 특수학급이 아니에요. 여러분과 함께 일반학급의 구성원으로 지내는 거죠. 특수학급은 장애 친구가 일반학교에서 잘 지낼 수 있도록 지원하는 곳이에요. 비장애 친구들과 함께하는 환경에서도 모두가 잘 지낼 수 있도록 지도한답니다.

이러한 통합교육이 비교적 잘 이루어지고 있는 곳은

유치원이에요. 유치원에서는 장애 학생과 비장애 학생이 거의 온종일 어울려 지내기 때문이지요. 초등학교, 중학교, 고등학교로 올라가면 확연히 달라져요. 입시 중심으로 돌아가는 학교생활에서 장애가 있는 친구들은 반에서 그림자처럼 지내는 일이 흔한데요. 수업 참여라기보다는 수업이 이루어지는 물리적 공간에 그저 있다는 느낌이 듭니다. 조용히 있거나 자는 것이 미덕처럼 여겨지는 슬픈 현실이죠. 그나마 특수학급은 아이들 수준에 맞게 수업이 진행되기에 자기만의 방식으로 수업에 참여합니다.

학교생활의 현실이 이렇다면 과연 통합교육은 필요할까요? 그래도 통합교육이 있어야만 한다면, 그 이유는 서로에 대한 이해와 수용이라 생각해요. 익숙한 것과 익숙하지 않은 것은 분명 차이가 있지요. 처음 만난 사람보다 같은 동네에서 여러 번 마주쳤던 사람이 더 편한 법이니까요. 열악한 통합 환경에서도 우리는 서로에게 서서히 익숙해지는 경험을 하게 됩니다. 그 과정에서 서로를 알아가고 받아들일 거예요. 장애로 인해 생겨나는 여러 문제도 겪을 텐데, 문제를 해결하기 위해 노력하면서 그 결과 또한 경험할 것입니다. 부족함은 모자람이 아니고, 불편함은 불쌍함이 아니에요.

　이러한 통합교육의 시간은 성인이 되어서도 이어질 거예요. 같은 지역사회에서 살아갈 서로에게 익숙함을 느끼게 되겠지요. 이 익숙함은 장애의 유무와 상관없이 사회통합이 이루어지는 데 중요한 밑거름이 되리라 확신합니다. 그래서 우리는 친구가 되어야 해요.

　마지막으로 이 이야기를 하고 싶어요. 장애가 있는 친구들도 자기 자리에서 나름의 최선을 다하고 있어요. 친구의 좋은 점을 보고 있는 그대로의 모습을 인정한다면 모두가 학교에 잘 적응하며 성장해 갈 수 있습니다. 반대로 장애가 있다고 친구의 부족한 점만 보고 무언가를 할 수 없는 존재로 여긴다면, 그 친구는 그렇게 아무것도 할 수 없는 사람이 되겠지요. 장애를 이유로 교육의 테두리 밖으로 밀어내는 일은 없어야 해요. 장애가 있는 친구도 없는 친구도 모두가 귀한 존재입니다.

장애가 있다고 해서

배우지 못할 일은 없습니다.

부족함은 모자람이 아니고,

불편함은 불쌍함이 아니에요.

6

자폐성장애인이면 천재겠죠?

"우, 투 더 영, 투 더 우! 동, 투 더 그, 투 더 라미! 하!" 방금 자기도 모르게 리듬을 넣어 읽거나 어떤 동작을 취했을지도 몰라요. 드라마 〈이상한 변호사 우영우〉에 나왔던 인사법이죠. 자폐성장애가 있는 변호사 우영우의 이야기를 다룬 이 드라마는 큰 인기를 얻으며 장애를 향한 대중의 관심을 불러일으켰어요. 장애를 긍정적으로 다루는 매체의 영향으로 장애 인식은 더 좋아지기도 해요. 하지만 드라마의 인기 이면에는 또 다른 편견이 숨겨져 있어요. 바로 '극복'이라는 편견입니다.

우영우는 자폐성장애가 있지만, 천재적인 암기력으로

서울대학교 법학과에서 수석을 한 수재로 나와요. 변호사로서 어려운 사건을 맡아 하나하나 해결해 나가는 모습을 보며 많은 사람이 '와! 장애가 있어도 변호사가 될 수 있구나. 장애도 열심히 노력하면 극복할 수 있어'라는 생각을 하게 되었죠. 이러한 생각이 모든 장애인에게 적용되면 어떻게 될까요? 장애가 있어 생기는 어려움이나 불편한 상황들이 장애인 본인의 노력이 부족하기 때문에 겪는 문제라고 판단하기 쉬워져요.

현실에 우영우는 없어요. 우영우는 자폐성장애인이기에 앞서, 대한민국에서 공부를 제일 잘한다는 학교에서 늘 1등을 하며 살아온 사람이에요. 뛰어난 변호사이기도 하고요. 그럼, 지금부터 드라마 속 우영우가 아닌 현실의 진짜 우영우를 만나 볼까요?

그럼 얘는 뭘 잘해요?

드라마의 영향은 컸답니다. 많은 선생님과 학생이 이런

질문을 하더라고요. "선생님, 저 친구가 자폐 친구인가요?"라고요. 평소 흔치 않던 이런 관심은 긍정적이라 생각해요. 하지만 당사자 앞에서 물어보는 건 예의가 아니라 생각해서 귓속말로 "네, 맞아요"라고 대답하지요.

대답을 들으면 대부분 큰 소리로 이렇게 물어본답니다. "아~ 그럼 얘는 뭘 잘해요?"라고요. 자폐성장애가 있다고 무언가를 특출나게 잘하지는 않아요. 이건 장애와 상관없답니다. 다른 누구보다 무언가를 잘하는 사람이 있는 반면 그렇지 못한 사람도 있어요. 자폐성장애를 다룬 드라마와 영화는 많아요. 그런데 하나같이 무언가를 뛰어나게 잘하더라고요. 현실은 그렇지 않은데 말이죠.

'서번트 증후군'이라고 들어 봤나요? 서번트 증후군은 장애가 있음에도 특정한 분야에서 천재성이나 뛰어난 재능을 보이는 증상이에요. 대체로 지능은 평균 또는 평균 이하인데 미술, 음악, 암기, 암산 등에서 비상한 능력을 보이지요. 우영우가 엄청난 암기력을 지닌 것처럼요.

여기서 잠깐, 서번트 증후군은 좋은 걸까요? 이 용어에도 차별이 있다고 생각해요. 어떤 분야에 뛰어난 재능을 보이면 보통 '천재적이다', '뛰어나다' 정도로 표현하잖아요. 그런데 장애가 있다고 굳이 분리해 다르게 표현해야 할까요? 애초에 장애와 비장애를 나누면서 차별이 생겼는데, 서번트 증후군이라는 새로운 용어를 더하면 또 한 번 둘을 차별하는 꼴이 되죠.

그리고 서번트 증후군은 마치 장애를 극복한 것처럼 비춰지거나, 자폐성장애가 있는 이들만 천재성을 보인다는 오해를 일으키기도 해요. 장애는 뛰어남의 이유가 아님을 알아야 해요.

사투리를 못하는 나,
말을 못하는 자폐성장애인

학교에서 자폐성장애가 있는 친구와 어울리며 어려웠던 점이 있나요? 아마도 "대화가 잘 안 통해요"라는 대답이 가장 많을 텐데요. 실제로 많은 자폐성장애 친구가 의사소통에 어려움을 겪어요. 말로 하는 의사소통을 어려워하죠.

이렇게 생각해 봅시다. 시골에서 만난 현지인이 알아듣기 어려운 사투리를 쓰면 어떤가요? 무슨 말인지 궁금해하지 표준어를 안 쓴다고 탓하지 않잖아요. 그런데 왜 자폐성장애 친구를 대할 때는 내 말을 알아듣지 못한다고 탓하게 될까요? 그 이유는 자폐성장애 친구가 사용하는 의사소통 방법을 모르기 때문일 수 있어요. 친구와 잘 지내기 위해 자폐성장애를 어떤 시선으로 바라보면 좋을지 먼저 생각해 보면 좋겠어요. 지금부터 함께 알아볼까요?

자폐성장애는 "신경 발달장애로 의사소통이 어려우며, 사회적 상호작용을 이해하는 능력이 부족할 수 있다"고 설명해요. 쉽게 말하면, 말이 유창하지 않거나 사람들과의 관계에 어려움을 겪을 수 있다는 거죠. 흔히 자폐성장애인은 소통이 잘 안 되고 사회성이 없다고 하는데, 이는 우리가 의사소통을 언어를 주고받는 행위로만 생각하기 때문이에요. 그 사람의 특징을 이해하고, 무엇을 표현하고자 하는지 알기 위해 노력하면 충분히 의미 있는 의사소통이 가능하답니다.

자폐성장애의 특징 중 하나로 또래보다는 나이가 많

은 사람과 사회적 관계를 더 잘 형성한다는 것이 있어요. 어른 되는 사람이 자폐성장애인이 보이는 행동을 또래보다 잘 수용하는 경향이 있어서 더 가까운 사이가 될 수 있다는 의미예요. 다시 말해 우리가 친구를 좀 더 있는 그대로 보고, 너그러운 마음으로 받아들인다면 언제든 좋은 관계가 될 수 있다는 것이죠.

또한, 상대가 한 말을 따라 하는 '반향어'를 쓴다는 특징이 있어요. 반향어는 단순한 행동 같아 보이지만 하나의 의사 표현이기도 해요. 예를 들어 화장실을 가고 싶을 때마다 교실을 돌아다니거나 문을 열고 나가는 친구가 있다면 이런 대화를 시도해 보세요. 먼저, "화장실 갈까?"라고 물어보며 속마음을 드러낼 기회를 줍니다. 친구가 화장실에 가고 싶다는 의미로 똑같이 "화장실 갈까?"라고 반응하면 화장실을 갈 수 있게 안내하면 된답니다.

다른 예를 들어 볼게요. 대화를 하다가 갑자기 친구가 "물 줄까?"라고 한다면 아마도 목이 마르다는 표현일 수 있어요. 이렇게 반향어는 또 다른 의사소통 방법이에요. 친구가 반향어를 쓰는 상황을 잘 지켜보고 소통 방법으로 활용하면 좋아요. 그리고 말의 내용뿐만 아니라 얼굴 표정, 자세, 억양도 의사소통에서 중요해요. 친구의 특성에 맞는 의사소통이 이루어진다면 생각과 감정을 더 많이 나눌 수 있답니다. 이러한 대화의 경험이 쌓이면 친구는 여러분과 더 많이 이야기를 하고자 할 거예요.

마지막으로 자폐성장애인은 익숙한 환경이나 생활 패턴이 갑자기 바뀌면 힘들어해요. 이럴 때 같은 동작을 반복하는 '상동행동'을 보이기도 한답니다. 상동행동에는 몸 흔들기, 손 흔들기, 박수 치기, 발끝으로 걷기 등이 있어요. 이러한 행동들은 무의미해 보이지만 이유가 있답니다. 무료하거나 안정감을 찾고자 할 때 또는 어떤 감각을 느끼기 위해 상동행동을 하기도 해요.

그리고 변화에 민감하다 보니 일정을 미리 알려 주면 좀 더 안정적으로 생활할 수 있답니다.

이게 나쁜 건 아니잖아요

'자폐 스펙트럼'이라는 말을 들어 봤나요? 영국의 정신과 의사 로나 윙이 처음 사용한 말이에요. 이 용어가 있기 전까지 자폐성장애인은 모두 같은 증상을 나타낸다고 생각했어요. 그런데 실제로 조사해 보니 모두 다른 모습을 보인다는 것이 밝혀졌고, 그때부터 자폐증이 아닌 자폐 스펙트럼이란 용어가 널리 사용되기 시작했어요. 앞서 살펴본 서번트 증후군도 자폐 스펙트럼에 포함된답니다. 아스퍼거 증후군도 마찬가지고요.

아스퍼거 증후군은 지능과 언어 발달에 큰 차이가 없지만 사람과의 상호작용에 어려움이 있답니다. 스웨덴의 환경운동가 그레타 툰베리가 대표적인 인물이에요. 툰베리는 기후변화의 심각성을 알리기 위해 등교를 거부하고 환경 문제에 무심한 정치인들을 강하게 비판하며 환경운동의 대표 인물이 되었어요. 한편 툰베리와 반대 입장이었던 사람들은 툰베리가 아스퍼거 증후군이 있다며 공격했지요.

아스퍼거 증후군이 있다고 비난받아야 할까요? 아스퍼거 증후군은 대인 관계에 어려움을 겪지만 관심 있는 한 가지 분야에 굉장한 집중력을 보입니다. 그래서 공부한 부분에 확신을 가지며 이 확신을 분명하게 주장하죠. 다른 사람과 대화할 때는 자신이 하고자 하는 이야기를 주로 하고, 눈을 맞추거나 공감 표현을 하는 등 관계 형성에 필요한 행동은 하지 않는 편이에요.

학창 시절을 함께했던 후배 한 명도 아스퍼거 증후군이 있었는데, 그 친구도 그랬어요. 수업 시간에 본인이 알고 있거나 관심 있는 단어가 나오면 인터넷 검색을 한 것처럼 그 단어에 관한 이야기를 줄줄 늘어놓으며 신나 했죠. 복도에서 마주쳐도 인사를 하지 않는 때가 더 많았고, 함께 밥을 먹으러 가면 자기 식사가 끝나는 동시에 자리를 떠났답니다. 그런데 이게 나쁜 건 아니잖아요. 그래서 저는 그러려니, 원래 그런 친구려니 하고 잘 지냈던 기억이 나요.

인사치레보다는 자기가 하고 싶은 말을 하고, 관심 있는 주제에 몰입하는 모습은 큰 장점이라 생각해요. 전기

자동차 회사 테슬라의 최고경영자인 일론 머스크도 아스퍼거 증후군이 있다는 사실을 인정하며 이렇게 말했어요. "내가 소셜미디어에 이상한 말을 하거나 이상한 게시물을 올린다는 것을 안다. 내 두뇌가 그렇게 작동하는 것을 어떻게 할 수 없다." 하지만 그는 한 가지 주제에 격렬히 몰두하고 상대의 반응을 신경 쓰지 않는 자기만의 장점으로 기술 기업인이자 혁신가로 성공했지요.

사람들은 장애를 결핍으로 보는 경향이 있어요. 있어야 할 게 없거나 모자라다 생각하죠. 하지만 꼭 그렇지는 않아요. 생각을 조금만 바꾸면 다르게 보이거든요. 아스퍼거 증후군은 사회성이 부족한 게 아니라 좋아하는 것에 엄청난 집중력을 발휘할 수 있는 사람이에요. 장애는 결핍이 아니라 차이고, 또 다른 능력이랍니다.

인정하고 받아들이기

자폐성장애가 있으면 말로 소통하는 데 어려움이 있다고

사람들은 장애를 결핍으로 보는 경향이 있어요.

있어야 할 게 없거나 모자라다 생각하죠.

하지만 꼭 그렇지는 않아요.

생각을 조금만 바꾸면 다르게 보이거든요.

했지요. 그럼 어떻게 친구가 될 수 있을까요? 지금부터 그 방법을 함께 알아볼게요.

대화할 때는 눈을 마주치며 대화를 시도해 보세요. 그리고 쉬운 단어를 사용해 말하면 좋아요. 수업 시간에 같은 모둠이 된다면 활동 내용과 방법을 분명한 목소리로 자세히 알려 주세요. 친구가 자기 생각을 표현할 기회를 주는 것도 중요해요. 끝까지 경청해 준다면 친구는 자신감을 갖고 더 많은 표현을 하려고 노력할 거예요. 갑자기 상동행동을 하거나 반향어를 사용한다고 이상하게 보거나 따라 하는 건 옳지 않아요. 친구가 무언가를 잘했을 때 칭찬과 응원을 아끼지 않는다면 더욱 빨리 친해질 수 있답니다.

자폐성장애의 특징은 다양해요. 하지만 자폐성장애가 있다고 해서 모든 특징이 나타나는 것은 아니에요. 우리 모두가 다른 것처럼 각자 선호하는 소통법이 있으니 그 특징에 맞게 친구를 배려해 대하면 됩니다.

자폐성장애가 있는 친구와 지내다 보면 곤란한 상황이 생기기도 해요. "함께 영화를 보러 갔는데 영화관에 들어가지 않으려 할 땐 어떡하죠?", "버스 타고 가는데 같은 소리를 계속 낸다고 주변에서 나무랄 땐 어떡해요?", "수업 시간에 갑자기 일어나서 돌아다니는데 어쩌죠?"처럼 요. 이럴 때는 어떻게 대처하면 좋을까요?

고민	해결 방법
영화관에 들어가지 않으려 할 때	· 영화관에 가기 전 미리 일정을 알려 준다. · 어두운 것이 싫어서일 수 있으니 영화관의 환경을 잘 설명해 준다. · 영화에 대한 설명을 충분히 해서 영화를 보고 싶은 마음이 들게 한다.
주변에서 시끄럽다고 나무랄 때	· 주변 사람들에게 친구가 긴장하고 불편해서 그런 것 같다고 양해를 구한다. · 목적지와 소요 시간을 정확히 알려 준다. · 친구가 평소 좋아하는 주제를 함께 이야기하며 진정하도록 도와준다.
수업 시간에 돌아다닐 때	· 수업 시간에는 앉아 있어야 한다는 규칙을 알려 준다. · 왜 돌아다니는지 알아보고 그 이유에 맞게 도와준다. (예: 화장실에 가고 싶어서 돌아다닌다면 쉬는 시간에 화장실에 가도록 알려 주기) · 자리에 앉아 있을 때 칭찬하고 응원해 준다.

간혹 소리에 민감해 두 손으로 귀를 막거나 지나치게 놀라는 친구가 있어요. 자폐성장애인 중 상당수가 자극에 예민한 반응을 나타내요. 비장애인이 경험하는 일상적인 자극이 자폐성장애인에게는 더 크게 다가올 수 있답니다. 이런 경험이 계속되면 학교생활이 어려워질 수 있으니 친구의 특성을 고려해서 모두가 편안한 교실을 만들면 좋아요.

그러기 위해 친구에게 불안을 일으키는 원인을 찾고 함께 해결해 보면 어떨까요? 의자 끄는 소리나 수업 종소리에 민감한 반응을 보인다면 의자 발에 커버를 씌우고 종소리 크기를 줄여 보는 거죠. 지나치게 밝은 조명에 예민함을 보인다면 조명 밝기를 조정하고 커튼을 쳐서 햇빛을 차단해 보세요. 냄새에 영향을 받는다면 친구 자리를 환기가 잘되는 창가 쪽으로 옮겨 달라고 선생님께 요청해도 좋겠지요.

이런 행동들을 들여다보면, 장애가 있기 때문에 더 많은 배려를 한다기보다는 상대를 있는 그대로 인정하며 서로를 존중하는 모습처럼 보여요. 상동행동은 의미가 있는 행동인데 주변에서 부정적인 시선으로 보기 때문에 문제가 되죠. 누군가를 불편하게 하려고 하는 행동이 아니랍니다. 반향어도 마찬가지예요. 반향어를 처음 들으면 나를 놀리는 것 같기도 해요. 하지만 반향어는 자폐성장애인의 의사소통 방법일 뿐입니다. 이처럼 서로의 다름을 존중하는 태도가 중요해요. 상대의 행동을 고치려고 하기보단 인정하고 받아들여 볼까요?

1

지적장애인도
투표하나요?

졸업한 제자와 함께 길을 걷다
벽에 붙은 선거 홍보물을 마주쳤어요. 성인이 된 아이가
처음 얻은 투표권을 어떻게 생각하는지 궁금했어요. "너
이번에 어디서 투표하니?"라는 질문에 제자는 이렇게 대
답했어요.

"저, 그런 거 할 줄 몰라요. 근데 저도 해도 되는 거예
요?"

한껏 들뜬 모습을 상상했는데 의외의 답을 내놓았어
요. 학교 다닐 때 분명 민주주의와 선거, 투표권에 관해 이
야기를 나누었거든요. 장애인들은 많은 차별과 배제 속에

서 살아가다 보니 국민이라면 누구에게나 주어지는 당연한 권리도 가지고 있다고 생각하지 못하기도 해요. 사실 많은 사람이 지적장애인은 투표를 할 수 없다고 생각하는데요. 이는 지적장애인은 올바른 선택을 못할 거라는 편견이 있기 때문이에요. 하지만 장애가 있다고 투표를 못할 수는 없답니다.

투표권이 있어도 투표를 못해

우리나라에서는 만 18세가 되면 선거에 참여해 투표할 수 있는 권리가 생기는데, 이를 '투표권'이라고 해요. '선거권'이라고도 하죠. 헌법에는 "모든 국민은 법률이 정하는 바에 의하여 선거권을 가진다"라고 규정되어 있답니다. 나의 투표권은 나만 행사할 수 있어요. 다른 사람이 대신할 수 없죠. 그 이유는 선거의 4대 원칙에서 알 수 있어요.

공정하고 민주적인 선거를 위한 선거 4대 원칙은 보통 선거, 평등 선거, 직접 선거, 비밀 선거를 말해요. 풀어서 말하면, 누구나 선거에 참여할 수 있어야 하며, 누구나 똑같이 한 표씩 행사하고, 본인이 직접 투표에 참여하는 동시에 누구를 뽑았는지는 비밀로 해야 한다는 것입니다. 이 원칙은 국민의 한 사람인 장애인에게도 당연히 적용되고요. 그런데 지난 대통령선거에서 장애인 투표권 침해가 63건이나 있었다고 해요. 이런 일들이 처음은 아니었어요. 왜 계속 같은 일이 반복될까요?

선거와 관련된 법에는 다음 내용이 포함되어 있어요. "투표소는 고령자, 장애인, 임산부 등 이동약자의 투표소 접근 편의를 위해 1층 또는 승강기 등의 편의시설이 있는 곳에 설치하여야 한다." 이 법에 따라 이동이 어려웠던 장애인의 투표권이 지켜질 거라 생각했지만, 이 법에 예외 조항이 달려 있었어요. "다만 원활한 투표 관리를 위하여 적절한 장소가 없는 경우에는 그러하지 아니한다"라는 것이었죠. 이 때문에 여전히 투표소에 가지 못하는 장애인이 많답니다. 우리 사회는 아직도 장애인을 동등하게 보지 않고 베풀어야 하는 대상으로 보고 있기에 당연한 권리도 마치 인심을 쓰듯이 하고 있어요.

그뿐만 아니라, 점자로 제작된 선거공보물과 투표용지가 충분하지 않아 많은 시각장애인은 후보자 정보를 얻지 못하고 투표에 어려움을 겪고 있습니다. 또한 후보자 연설 방송에서 청각장애인을 위한 수어와 자막 제공도 잘 이루어지고 있지 않아요. 이는 법에 "후보자 연설 방송에서 청각장애 선거인을 위해 한국수어 또는 자막을 방영할 수 있다"라고 명시했기 때문이죠. '방영해야 한다'와 같은 의무가 아니니까요. 그나마 요즘에는 수어 통역이 제공되고 있지만, 두 명 이상이 나오는 후보자 토론회에서 한 명의 수어통역사가 모든 통역을 하다 보니 제대로 된 정보가 전달되지 못하고 있어요.

지적장애인을 포함하는 발달장애인은 투표할 때 가족이나 활동지원사 등의 도움을 받을 수 있어요. 투표하는 것이 일상적인 상황이 아니기에 절차를 알려 줄 사람이 필요하기 때문이죠. 하지만 실제 투표소에서는 투표 보조가 여전히 거부되기도 해요. 투표 보조자가 발달장애인의 정치적 판단에 영향을 주는 사례가 나오자 관련한 지침들이 생겼다가 사라지기를 반복했기 때문이에요.

이에 대해 발달장애인의 권리를 요구하는 한국피플
퍼스트의 문윤경 대표는 "발달장애인은 글을 잘 모르거
나 선거 방법을 익히기 어려워 투표 보조가 필요합니다.
그림 투표용지와 지역별 설명회, 모의 투표도 필요하고
요. 그러나 중앙선관위는 이를 인정하지 않고 있습니다.
우리는 선거 때마다 이러한 차별을 없애 달라고 이야기하
는데, 왜 여전히 같은 문제를 겪어야 하나요?"라고 이야
기하기도 했죠.

지적장애인은
생각 주머니가 작죠?

장애가 있는 친구와 함께 학교를 다니고 있다면, 가장 많
이 들어 본 말은 아마도 "지적장애 친구는 생각 주머니가
작아요"일 거예요. 지적장애인은 생각 주머니가 작아서 실
수를 할 수도 있으니 이해해 달라는 취지에서 언젠가부터
하기 시작한 말인데요. 아직도 많이 사용되고 있지요.

'생각 주머니가 작다'는 말에는 장애 학생의 능력을 낮게 평가한다는 의미가 담겨 있어요. 누구나 실수를 하죠. 각자 능력이 다르기에 잘하고 못하는 것이 있고요. 그러니 이 말은 편견이라 할 수 있어요. "우리 모두 생각과 마음의 모양이 달라요"라고 말하는 것이 더 좋은 표현이랍니다. 그럼, 지적장애를 어떤 시선으로 바라보면 좋을지 함께 생각해 볼까요?

지적장애는 "선천적 또는 후천적 원인으로 지능과 적응행동 기능이 비장애인보다 낮은 장애"로 정의해요. 여기서 '적응행동'이란 일상생활을 위해 배우는 읽기와 쓰기, 수 개념, 대인 관계 기술, 규칙과 법 준수, 돈 관리, 안전과 건강 관리 등을 말해요. 지적장애인이라고 해서 흔히 말하는 지적장애의 특징이 다 나타나는 것은 아니에요. 개개인이 다르며 자기만의 특성을 지니죠. 장애마다 공통된 특징이 있다고 하는데, 이는 대표성일 뿐이지 일반화해서는 안 돼요.

지적장애인도 경험을 통해 배우고 사랑, 독립, 존중에 대한 욕구 등은 다른 사람들과 다르지 않아요. 다만 새로운 일에 대한 기대감이나 관심이 떨어질 수는 있어요. 기회 부족이 성공 경험의 부족으로 이어져 쉽게 좌절하고 포기하는 경향이 있다는 뜻이죠. 그래서 장애 여부와 상관없이 모두에게 동등한 기회가 주어져야 해요. 일단 기회가 있어야 성공이든 실패든 경험할 수 있으니까요. 자존감이 낮은 친구들에게 능력에 맞게 이룰 수 있는 일들을 제시하고 칭찬과 격려로 북돋아 주면 좋답니다.

지적장애인은 발음이 정확하지 않거나 언어 발달이 더뎌서 말로 하는 의사소통이 힘들 수 있어요. 학습에 어려움을 겪기도 하죠. 하지만 교육과 훈련으로 많은 것을 배우고 익힐 수 있답니다. 지적장애인의 행동 특징을 정리한 내용을 보면, "하나의 일에 몰두하거나 집착하는 성향이 있어 융통성이 부족해 보이기도 한다"고 되어 있는데요. 말했듯이 행동 특징은 개인마다 조금씩 다르며 융통성이 부족하기보다는 자신이 좋아하는 일에 좀 더 관심을 둔다고 볼 수 있어요. 이처럼 모든 것은 생각하기 나름이에요. 상대의 장점을 더 보려고 노력하면 된답니다.

장애마다 공통된 특징이 있다고 하는데,

이는 대표성일 뿐이지 일반화해서는 안 돼요.

모든 것은 생각하기 나름이에요.

상대의 장점을 더 보려고 노력하면 된답니다.

잘하는 것보다 함께하는 것

지적장애가 있는 친구와는 어떻게 지내면 좋을까요? 대화할 때는 쉬운 단어로 이루어진 짧은 문장으로 천천히 또박또박 말해요. 대답은 재촉하지 않고 기다리며, 친구의 말을 끝까지 들어 주세요. 말이나 행동하는 것이 나와 다르다고 해서 이상한 눈빛을 보내거나 놀리면 안 돼요. 혹시 주변에 이런 친구가 있다면 선생님에게 알리거나 놀리지 않도록 용기 내어 도와주세요.

학교에서 길을 잃거나 교실 이동에 어려움을 겪는 친구가 있다면 먼저 다가가 도움이 필요한지 물어봐 주세요. 도움이 필요한 상황이라면 잘 안내해 주고, 그렇지 않다면 스스로 할 수 있게 응원해 주세요. 학습에 어려움을 겪을 때 쉬운 과제부터 할 수 있도록 알려 주고, 낯선 환경에 적응이 어렵다면 친구가 안정을 찾도록 다독여 주세요. 친구가 좋아하는 활동이나 주제가 있다면 함께 이야기 나누고 활동해 보세요. 그럼 금방 친해질 거예요.

지적장애 친구와 학교생활을 하다 보면 이러저러한

이유로 고민하는 학생들이 있어요. '지적장애 친구와 같은 조가 되면 어떡하지?', '체육 시간에 친구가 경기 규칙을 이해하지 못하는데 어떻게 하면 같이할 수 있을까?', '공부를 어려워하는 지적장애 친구는 어떻게 도와야 할까?' 선생님의 입장에서는 참 고마운 고민이에요. 장애로 생겨나는 어려움을 해결하고 함께하기 위해 노력하는 모습이잖아요. 이럴 땐 어떻게 하면 좋을까요? 다음 표로 해결 방법을 살펴봅시다.

고민	해결 방법
같은 조가 되어 조별 과제를 할 때	· 친구가 스스로 할 수 있는 것을 하게끔 한다. · 잘하는 것보다 같이하는 것에 의의를 두고 모든 활동을 함께한다. · 과제를 작게 나누어 친구가 할 수 있는 일을 맡긴다. · 서로 격려하고 응원한다.
같이 체육 경기를 해야 할 때	· 규칙을 쉬운 말과 그림으로 설명해 이해를 돕는다. · 경우에 따라 어려운 규칙은 모두가 편하게 할 수 있도록 바꾼다.

같이 체육 경기를 해야 할 때	· 경기 방식이 어렵다면 모두 참여하기 쉬운 다른 경기를 한다. · 이기는 것보다 같이하는 것에 의의를 두고 모두 함께 경기를 한다.
공부를 어려워할 때	· 쉬운 말과 그림으로 설명해 준다. · 수업에 잘 참여할 수 있도록 격려하고 지지한다. · 친구들끼리 역할을 나누어 과목별로 학습을 도와준다. · 모두가 공부를 잘해야 하는 것이 아님을 함께 인정한다.

원래 공부라는 것이 무언가를 다 이해하고 외우기 위함은 아니에요. 시험도 100점을 맞기 위함이 아니라 모르는 것이 무엇인지 깨닫고 그것을 다시 알아가기 위한 과정이고요. 모든 걸 다 알 필요는 없답니다. 그리고 지적장애가 있다고 꼭 반에서 꼴찌를 하지는 않아요. 제 경험에 비춰 보면 항상 뒤에 3~4명이 더 있었어요. 우리 반 친구들은 한 줄 찍기를 잘해서 늘 20~30점은 맞거든요. 공부를 못하는데 왜 특수학교에 가지 않는지 묻는 학생과 선생님 들에게 이 이야기를 웃으며 전하곤 하죠.

지적장애가 있으면 장애의 특성상 학습에 어려움을

겪는 경우가 많아요. 학년이 올라갈수록 공부할 내용은 많아지고 수준은 높아지죠. 그래서 학습의 어려움은 시간이 흐를수록 점점 도드라지긴 해요. 이건 장애가 없는 친구들도 마찬가지라 생각해요. 여러분이 공부를 못한다고 잘못은 아니에요. 학교와 사회가 학생들이 좋아하는 것을 할 수 있도록 뒷받침하고 격려해야겠죠.

우리도 투표해요

학교에서 아이들과 함께 민주주의와 선거, 투표권을 공부하고 있어요. 학급회장을 뽑는 과정을 통해 후보자, 유권자, 지지자, 선거 활동, 투표를 경험해 보지요. 이로써 아이들은 사회에 나가 자신의 의견을 표현하는 능력을 기르고 미래의 건강한 유권자로 성장해 나갑니다.

스스로 학급회장 선거에 후보자로 나서고, 입후보 후에는 공약을 만들어 지지를 호소해요. 후보 지지자의 연설도 보태면서 한 달 정도의 수업과 선거 기간이 끝이 난답니다. 마지막으로 직접 투표를 하고 다 같이 개표하면서 다수결의 원칙에 따라 회장을 뽑게 되지요. 투표 결과에 따라 당선된 학급회장은 교장 선생님에게 임명장을 수여받고 정해진 기간 동안 약속한 공약을 지켜 나갑니다.

학급 아이들의 장애와 능력의 정도가 모두 달라서 이 과정이 결코 쉽지는 않아요. 하지만 개개인 특성을 고려해 수업한다면 진행이 어렵지 않답니다. 아이들의 이해와 참여를 이끌기 위해 함께 공약을 만들고 투표용지에는 후보자 이름과 얼굴 사진을 함께 표시했어요. 그리고 공약과 지지자 연설 영상을 함께 만들며 흥미를 유발했죠. 투표하는 날에는 교실을 실제 기표소처럼 꾸렸어요. 투표할 때 도움이 필요한 친구는 보조 선생님과 함께 기표소로 들어가 투표했고요.

이처럼 투표는 국민이라면 누구나 가지는 공적인 권리예요. 장애가 있다는 이유로 권리를 박탈당하면 안 되지요. 지적장애가 있는 유권자도 권리를 행사할 수 있게끔 지원받아 마땅해요. 매일도 아닌 몇 년에 한 번 있는 선거에서 언제까지 시간 제약이나 예산 증가와 같은 이유로 차별이 반복되어야 할까요?

　서로를 조금 더 위한다면 투표뿐만 아니라 많은 것을 함께할 수 있어요. 상대를 좀 더 이해하고 기다려 주며 경청하고 평등한 관계를 맺는다면 차별이 반복되는 일은 사라질 거라 믿어요. 다음 선거 때는 꼭 졸업한 제자들과 함께 투표하러 가고 싶네요.

투표는 국민이라면 누구나 가지는 공적인 권리예요.

장애가 있다는 이유로 권리를 박탈당하면 안 되지요.

지적장애가 있는 유권자도 권리를

행사할 수 있게끔 지원받아 마땅해요.

8

시각장애인은
아무것도
안 보이나요?

대학에 다닐 때 시각장애가 있
는 선배와 친해졌어요. 그 선배는 평소 검은색 선글라스
를 끼고 안내견과 함께 다녔죠. 하루는 선배가 살던 기숙
사 방문을 열고 들어갔는데, 〈스타크래프트〉 게임을 하고
있더라고요. 컴퓨터 게임은 눈으로 보면서 조작해야 하잖
아요. 그래서 그 모습이 굉장히 놀라웠어요. 인사를 건네
고 선배 뒤에서 게임하는 모습을 지켜봤는데, 실제로 게
임이 진행되었어요. 그래서 물어봤죠. "소리만 듣고 하면
어렵지 않아?"라고요. 그랬더니 선배가 이렇게 말했어요.

"아니, 난 이렇게 배워서 하는 거라 재밌기만 한데?"

또 한 번은 선배와 함께 길을 걸었어요. 순간, 궁금했어요. '눈이 안 보이면 얼마나 불편할까?' 그때 잠시 눈을 감고 걸었어요. 몇 초였지만 굉장히 불안하고 불편하더라고요. 궁금증을 참지 못하고 또 물어보았어요. "선배는 생활하기 불편하지 않아?"라고요. 그랬더니 선배가 이렇게 대답했어요.

"불편하지 않아. 난 계속 이렇게 살아왔는걸."

지금 생각해 보면 저는 참 어리숙하고 예의 없는 친구였어요. 내 기준으로만 상대방의 삶을 평가하려고 했으니까요. 저뿐만 아니라 많은 사람이 가지는 편견들은 이렇게 생겨나는 것 같아요. 지금부터 시각장애인이 어떻게 살아가고 있는지 알아볼까요?

시각장애인은 아무것도 못 볼까?

만약 나에게 장애가 생겼을 때 어떤 장애가 가장 힘들 것 같냐고 물으면 대부분 시각장애라고 한답니다. 그 이유는 일상생활에서 보는 것이 가장 중요하다고 생각하기 때문이겠지요. 과연 시각장애가 있으면 그렇게 불편할까요?

시각장애에 관한 편견 중 하나가 '시각장애인은 아무것도 못 본다'예요. 우리는 눈을 통해 세상을 보죠. 눈의 기능에는 시력, 시야, 색각이 있어요. '시력'은 먼 곳과 가까운 곳을 볼 수 있는 능력이고, '시야'는 볼 수 있는 범위를 말해요. 그리고 '색각'은 색을 구별하는 능력이에요. 흔히 시각장애를 시력의 상실로 여기는데, 사실 시력뿐만 아니라 시각과 색각에 문제가 생겨도 시각장애라고 한답니다.

시각장애는 2가지로 나뉘어요. 전맹과 약시랍니다. '전맹'은 시력을 완전히 상실한 상태고, '약시'는 시력은 남아 있지만 보는 데 어려움이 있는 상태예요. 그러니 시각장애인이라고 아무것도 못 보는 건 아니지요. 약시는 어느 정도 볼 수 있으니까요.

세상을 보는 서로 다른 방법

우리는 시각을 통해서만 본다고 생각하는데 그렇지 않아요. 시력을 완전히 잃은 전맹 시각장애인도 세상을 보며 살아가요. 시각이 아닌 청각, 촉각 등으로요. 서로 다른 방법으로 세상을 보는 거죠. 어떤 방법이 있는지 알아봅시다.

먼저, 시각장애인은 '점자'로 세상을 바라봅니다. 시각장애가 없는 사람들은 한글이라는 문자로 글을 읽고 배우잖아요. 시각장애인이 글을 읽고 문자를 해석할 수 있게 만든 것이 바로 점자랍니다. 점자는 6개의 작은 점으로 이루어져요. 이 점들은 볼록하게 튀어나와 있는데, 어떤 점이 돌출되었느냐에 따라 서로 다른 문자가 만들어져요.

한글의 자음과 모음을 눈으로 확인하고 읽듯이 시각장애인은 점자를 손끝으로 느끼며 읽는답니다. 주변을 둘러보면 점자가 적혀 있는 곳이 많아요. 엘리베이터의 층 버튼에도 있고, 편의점에서 파는 음료수 병에도 있답니다. 하지만 모든 곳에 적혀 있지는 않으니 시각장애인이 생활하는 데 불편함은 있어요. 더 다양한 곳에 점자가 쓰

자음	초성	ㄱ	ㄴ	ㄷ	ㄹ	ㅁ	ㅂ	ㅅ	ㅈ	ㅊ	ㅋ	ㅌ	ㅍ	ㅎ	된소리
	중성	ㄱ	ㄴ	ㄷ	ㄹ	ㅁ	ㅂ	ㅅ	ㅇ	ㅈ	ㅊ	ㅋ	ㅌ	ㅍ	ㅎ

점자

모음	ㅏ	ㅑ	ㅓ	ㅕ	ㅗ	ㅛ	ㅜ	ㅠ	ㅡ	ㅣ
	ㅐ	ㅔ	ㅚ	ㅘ	ㅟ	ㅢ	ㅖ	ㅟ	ㅒ	ㅙ	ㅞ

여야겠지요?

다음으로는 '흰지팡이'가 있어요. 시각장애인들이 이동할 때 흔히 이용하는 이 지팡이의 이름은 '케인'이에요. 시각장애인은 흰지팡이의 끝으로 땅을 두드리며 주변을 둘러봐요. 이렇게 흰지팡이와 함께 걷는 것을 '흰지팡이보행법'이라고 합니다.

흰지팡이로 장애물이 있는지 살펴 몸을 보호하고, 지팡이에서 느껴지는 감각으로 방향을 알아낸답니다. 다른 사람에게 시각장애인임을 알려서 난처한 상황에 처했을 때 도움을 받거나 사고로부터 자신을 지킬 수도 있죠. 요즘은 과학 발달로 스마트 흰지팡이가 개발되었어요. 지팡이에 센서가 달려 있어 주변의 장애물을 감지할 수 있다고 하네요.

그리고 이동하는 데 흰지팡이만큼 중요한 '시각장애인용 보도블록'이 있어요. 시각장애인용 보도블록은 선형블록과 점형블록으로 이루어집니다. '선형블록'은 표시하는 길을 따라 걸어가도록 유도하고, '점형블록'은 시각장애인에게 위험을 알리는 표시로 멈추게 하거나 방향을 바꿔야 할 때 안내하는 역할을 해요. 선형블록은 보행자 우

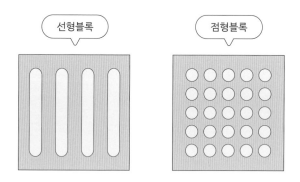

선형블록   점형블록

선도로나 지하철 통로 같은 곳에 있고요. 점형블록은 횡단보도 앞이나 건널목, 엘리베이터 앞에서 흔히 볼 수 있답니다. 이러한 보도블록은 전맹뿐만 아니라 약시 시각장애인도 활용하므로 주로 눈에 잘 띄는 노란색으로 표시하고 있어요.

시각장애인용 보도블록은 시각장애인이 길을 걸을 때 꼭 필요한 존재예요. 그러니 보도블록 위에 자전거 같은 물건을 놓지 말아야겠죠. 만약 길을 걷다 보도블록에 장애물이 놓여 있는 걸 본다면 그냥 지나치지 말고 다른 곳으로 옮기거나 신고해 주세요.

마지막은 '안내견'이에요. 안내견은 시각장애인을 돕기 위해 특별히 훈련된 개랍니다. 주인이 안전하도록 보살피고 길을 안내해 시각장애인이 독립적으로 살아갈 수 있게 하죠. 많은 사람이 안내견이 시각장애인을 목적지까지 데려다준다고 생각하는데 그렇지 않아요. 시각장애인이 목적지까지 알아서 가는 것이고, 안내견은 가는 길에 마주할 위험을 피하도록 돕는 것이랍니다. 이처럼 안내견은 시각장애인이 세상을 보며 살아갈 수 있게끔 지원하는

중요한 역할을 하고 있어요.

간혹 길에서 안내견을 만나면 귀엽다고 만지거나 말을 걸고 사진을 찍기도 하죠. 시각장애인이 보행하는 데 혼란을 줄 수 있으니 삼가야 할 행동이에요. 종종 식당이나 버스 등에서 안내견의 출입을 거부하는 일이 생기는데, 이는 명백한 위법이랍니다.

활동하는 모든 안내견은 보건복지부가 발행한 '장애인 보조견 표지'를 달고 있어요. 이 표지를 부착한 안내견은 시각장애인과 함께 대중교통을 이용할 수 있지요. 공원, 극장, 식당, 호텔 등 여러 사람이 다니고 모이는 곳에 드나들 수 있고요. 정당한 사유 없이 장애인과 안내견의 출입을 막는 사람에게는 법에 따라 과태료를 부과하니 누군가 출입을 거부당하고 있다면 꼭 도와주세요.

아, 그리고 많은 시각장애인이 점자나 흰지팡이, 안내견 등의 도움 없이 혼자 힘으로 생활하고 있답니다.

시각장애인도 세상을 보며 살아가요.

시각이 아닌 청각, 촉각 등으로요.

서로 다른 방법으로 세상을 보는 거죠.

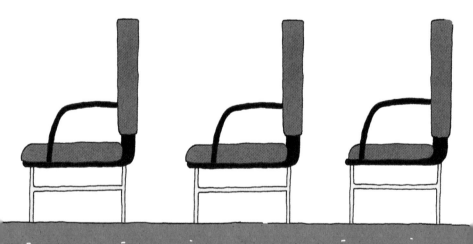

조금만 배려하면 돼

시각장애가 있는 친구와는 어떻게 소통하면 좋을까요? 학교 안에서 이동할 때 앞이 완전히 보이지 않는 전맹 친구들은 누군가의 안내를 받거나 흰지팡이를 이용하고 안내견과 함께해요. 약시 친구들은 남아 있는 시력으로 이동하는데, 주변을 좀 더 살피려면 도움이 필요할 수 있어요.

친구에게 말을 걸 때는 내 이름을 먼저 말하면 좋아요. "안녕, 나 용덕이야"라고 말한 뒤에 이야기를 시작해 보세요. 다른 친구도 같이 있다면 소개하고요. 길을 안내할 때는 '이쪽', '저쪽' 같은 애매한 표현보다는 구체적으로 설명해야 해요. "보건실은 앞으로 3미터 가서 왼쪽으로 꺾으면 오른쪽에 있어"라는 식으로요. 그리고 앉을 자리를 알려 줄 때는 의자가 어디에 어느 방향으로 놓여 있는지 알 수 있도록 등받이에 손을 올리게끔 안내해 주세요.

주의할 점도 알아볼게요. 친구의 흰지팡이를 함부로 잡아서는 안 되고, 길 안내를 할 때는 친구가 내 팔꿈치를 잡게 한 뒤 내가 반걸음 앞에서 이끌면 좋답니다. 친구가 공부할 때 사용하는 점자책이나 종이의 글자를 확대해 보는 독서확대경 등은 허락 없이 만지지 말아야 해요. 점자책이나 독서확대경 등이 궁금하다면 친구에게 먼저 물어보고 살피거나 사용법을 배워 봐도 좋겠지요. 그럼 친구를 더 이해할 수 있을 거예요.

상황	에티켓
여러 사람이 함께 대화할 때	· 친구의 이름을 부른 뒤 대화한다.
길을 물어볼 때	· 방향과 위치를 정확히 알 수 있도록 전후좌우 방향과 몇 미터, 몇 발자국 등으로 자세히 설명한다.
함께 길을 걸을 때	· 안내하는 사람의 팔(주로 팔꿈치)을 잡게끔 한다. · 안내하는 사람이 반걸음 앞에서 걷는다. · 계단이나 턱이 있을 때는 잠시 멈춰서 알려 주고 다시 이동한다. · 문을 열어야 할 때는 문을 열어 주거나 친구가 직접 열 수 있게 손잡이를 잡게끔 한다.
주변에서 큰 소리가 날 때	· 주변에서 들려오는 소리에 관해 설명해 준다.
함께 식사할 때	· 의자에 앉도록 안내한다. · 식사 메뉴를 알려 준다. · 음식이 나오면 어떤 음식들인지 설명하고 어느 위치에 있는지 알려 준다.

함께 생활할 때	· 시각장애인은 정해진 자리에 물건을 두므로 물건의 위치를 바꾸지 않는다.

그 밖에 시각장애 친구를 대할 때 지켜야 할 에티켓을 살펴볼게요. 시각장애인은 소리를 통해 주변 정보를 파악하기 때문에 너무 큰 소리로 말하지 않도록 해요. 돕고자 할 때는 먼저 물어본 뒤 도와야 합니다. 무조건적인 도움은 상대방의 기분을 상하게 하기도 하고 스스로 할 수 있는 기회를 뺏거든요. 시각장애가 있어도 혼자서 할수 있는 것이 많고, 독립적인 생활이 가능하답니다.

누구나 평범하게 살아

여러분은 학교가 아닌 곳에서 시각장애인을 만난 적이 있나요? 시각장애인은 어떤 일을 하며 살아갈까요? 우리나라에는 시각장애인을 위한 일자리가 마련되어 있어요. 바로 안마사입니다. 안마사는 시각장애인이 가장 많이 선택하는 직업이며 시각장애인만 자격증을 취득할 수 있어요. 그래서 비장애인들은 자신들도 안마사 자격증을 얻을 수 있게 해달라고 여러 번 주장했는데요. 법원은 "안마업은 시각장애인의 생존권 보장을 위해 꼭 필요한 제도"라며 시각장애인의 편을 들어줬지요.

시각장애인이 안마사만 하는 건 아니에요. 제 주변만 봐도 교사, 앵커, 신문기자, 변호사, 프로그래머, 피아노 조율사 등 다양한 분야에서 일하고 있답니다. 최근에는 수십만 구독자에게 사랑받는 원샷한솔 같은 시각장애인 유튜버도 등장했어요. 영상이라는 시각 자료를 활용하는 일도 충분히 해내고 있는 거죠. 이렇듯 시각장애인은 단순히 앞을 보지 못하거나 보는 데 어려움이 있는 사람이 아니에요. 보는 방법이 다를 뿐이지요. 누구나 자신의 능력을 발휘하며 '평범하게' 살아갈 수 있답니다.

9

수어 못하는데
청각장애인과
어떻게 대화하죠?

제가 다니던 대학교는 운동장 하나를 가운데 두고 5개의 특수학교가 함께 있었어요. 그 중에 한 곳은 청각장애인이 다니는 학교였답니다. 어느 주말, 학교에 갔는데 멀리 만국기가 보였어요. '운동회를 하나 보다'라고 생각하며 학교에 들어서는데 주변이 너무 조용해서 '다음 주에 운동회를 하려고 준비해 놓은 거구나' 싶었죠.

그런데 운동장 가까이 가서 보니 이어달리기를 하고 있더라고요. 관중석에는 사람들이 응원을 하고 있었는데, 서로 수어를 사용했어요. 알고 보니 청각장애 학교 졸업

생들이 주말에 모여 운동회를 하는 것이었죠. 조용한 운동회라는 신기한 경험이었답니다. 하지만 그때는 청각장애인이니 당연하다고만 생각했어요.

　시간이 흘러 청각장애가 있는 친구들이 후배로 들어왔어요. 나는 수어를 못하는데 어떻게 대화를 해야 할지 고민이 되더라고요. 그런데 놀랍게도 그 친구들은 수어가 아닌 말로 대화를 했어요. 청각장애인은 모두 수어를 쓰는 줄 알았는데, 부끄럽게도 그게 아니라는 걸 그때 알았지요.

듣지 못하면 말도 못할까?

미국 매사추세츠에 있는 마서스비니어드 섬에 관해 들어봤나요? 아름다운 휴양지로 알려진 곳인데, 특이한 점이 있답니다. 이 섬에는 청각장애인이 많을 때는 전체 인구의 30%까지 살았다고 해요. 다른 어떤 지역보다 높은 비율이지요. 더 특이한 사실은 이 섬에 살고 있는 청인(청각장애가 없는 사람)들이 어려서부터 청각장애인이 사용하는 수어를 배워서 잘 사용했다고 해요. 그래서 청각장애인과 청인은 소통이 수월했고 그들의 삶이 특별히 다르지도 않았다고 합니다. 다수가 소수의 언어를 익혀 적응한 것이지요.

그래서인지 이 섬에서는 청각장애인도 '청각장애'라는 별도의 명칭 없이 동등하게 살았대요. 학교와 직장에서도 청인과 섞여서 살아갔고요. 이 섬의 한 노인은 "저는 청각장애인을 사람마다 목소리가 다른 것과 같다고 생각합니다"라고 이야기했다고 해요. 이처럼 서로의 다름을 인정하고 다름에서 비롯되는 문화 차이를 받아들이며 배려한다면 갈등과 고충은 사라질 거예요.

청각장애인을 만났을 때 가장 두려운 것이 뭐냐고 물으면, 대부분이 소통이 잘 안 될 것 같다고 걱정합니다. 실제로는 어떨까요? 청각장애는 귀에서 뇌로 소리가 전달되는 청각기관의 어느 부분에 이상이 생겨 소리를 듣지 못하는 상태를 말해요. 청각장애는 소리가 들리는 정도에 따라 농과 난청으로 나뉘는데요. '농'은 소리를 전혀 듣지 못하고, '난청'은 조금의 소리는 들을 수 있어요. 청각장애인 가운데 자기 소리를 듣지 못하면 간혹 말을 못하기도 해요. 말을 하지 못하는 사람은 언어장애라고 하는데, 여기에서 편견이 생겨나죠.

많은 사람이 청각장애인을 '농아인'이라고 불러요. 사실은 잘못된 표현입니다. 농아인에서 '농'은 말했듯이 듣지 못함을 뜻하고, '아'는 말하지 못함을 뜻해요. 청각장애인이 모두 듣지도 말하지도 못하는 건 아니에요. 듣지 못한다고 말을 못하는 것은 아니랍니다. 의사소통이 음성언어인 말을 통해서만 가능하다는 비장애인의 습관적인 사고방식에서 '농'과 '아'를 연결 짓는 것이지요.

청각장애인이 소통하는 법

말을 하는 청각장애인도 있고, 수어를 쓰는 청각장애인도 있어요. 청각장애인도 시각장애인처럼 그들만의 언어가 있답니다. 서로 다른 방법으로 소통하는 거죠. 어떤 방법

청각장애인이 모두 듣지도 말하지도

못하는 건 아니에요.

듣지 못한다고 말을 못하는 것은

아니랍니다.

이 있는지 알아볼까요?

　　청각장애인은 수화언어, 줄여서 '수어'를 사용해요. 대개 사람들은 입으로 말하고 귀로 들으며 대화하지만, 소리가 들리지 않는 청각장애인우 손을 이용하는 언어인 수어로 의사소통을 한답니다. 수어는 손가락과 손짓, 몸짓 등으로 다양하게 표현하며 의사를 전달하는 시각언어라고 할 수 있어요. 요즘은 지하철이나 기차의 안내방송, TV 뉴스 등에서 수어를 쉽게 볼 수 있죠. 카카오톡 이모티콘에서도 찾아볼 수 있을 정도로 수어가 청각장애인의 언어라는 사실은 잘 알려져 있어요.

　　다음으로는 '구화'입니다. 구화는 상대방 입술의 움직임과 얼굴 표정을 보며 말의 뜻을 이해하고, 자신도 소리 내어 말하는 의사소통 방식이에요. 입 모양을 읽는 것이 중요해서 입이 가려지지 않도록 주의해야 해요.

　　지난 코로나19 시기에는 마스크 착용이 의무화되면서 구화를 사용하는 청각장애인들이 큰 어려움을 겪었다고 해요. 시간이 지나서는 입 부분이 투명하게 처리된 마스크가 보급되기도 했지요.

그리고 '필담'이 있어요. 필담은 문자언어로 주고받는 방식이에요. 글을 써서 소통하는 방법이죠. 수어나 구화가 어려울 때 필담으로 대화를 나눌 수 있답니다.

청각장애인이 말로 소통할 수 있게 도와주는 방법도 있어요. 바로 보청기와 인공와우인데요. '보청기'는 소리를 모아서 더 잘 들리게 해주는 기계예요. 보통 귀에 장착하는데 요즘은 크기가 작아져 눈에 보이지 않을 정도랍니다. 안경에 붙이는 보청기도 있지요. '인공와우'는 소리를 듣게 하는 달팽이관에 와우 이식기를 옮겨 붙이는 거예요. 참고로 '와우'는 달팽이관을 말해요. 와우 이식기는 전기신호로 소리를 듣게 하는 기계에요. 이 수술을 하면 남아 있던 청각세포가 모두 파괴되어서 마지막에 시도하는 방법이랍니다.

청각장애인도 대화를 좋아해

청각장애가 있는 친구와는 어떻게 이야기를 나눠야 할까

요? 우선은 말로 대화하는 것이 어렵기에 의사소통 방법이 다를 수 있음을 알아야 해요. 전혀 들리지 않는 친구는 수어 또는 필담을, 조금 들리는 친구는 구화 등으로 소통하지요. 그래서 친구가 사용하는 언어를 간단히 배우면 좋아요. 특히 수어에서 기본적이고 자주 사용하는 표현을 알고 있으면 더욱 친해질 수 있답니다.

친구가 구화를 사용한다면 대화할 때 입 모양을 정확하게 하고 천천히 말하면 좋아요. 긴 문장보다는 짧은 문장으로 이야기하면 도움이 되고요. 얼굴 표정이나 손짓, 몸짓으로도 함께 표현해 주세요. 그럼 친구가 훨씬 이해하기 쉬울 거예요. 그리고 보청기나 인공와우를 사용하는 친구들에게 기기에 지나친 관심을 보이는 건 실례가 될 수 있으니 조심해 주세요.

그 밖에도 청각장애인을 대할 때 지켜야 할 에티켓을 알아봅시다. 듣지 못한다는 생각에 반말을 하거나 속삭이면 상대방을 기분 상하게 할 수 있어요. 속삭이는 말은 자신에 대한 나쁜 말을 하는 듯한 착각을 불러일으키거든요. 마찬가지로 힐끗힐끗 쳐다보는 것도 오해를 일으킬 수 있으니 삼가는 게 좋아요.

대화를 시작할 땐 손을 흔들거나 가볍게 어깨를 두드려 주세요. 갑작스럽게 말을 걸면 놀라거나 대화가 시작된 지 모를 수 있거든요. 중요한 대화를 한다면 여러 사람과 함께하기보다는 일대일로 해보세요. 그래야 더 잘 이해할 수 있답니다.

함께 길을 가다가 자동차가 다가오거나 경적 소리가 들리면 알려 주세요. 길을 걸을 때는 되도록 대화를 자제하고 대화가 끝난 뒤 움직이면 좋아요. 또한 보청기나 인공와우를 사용한다고 해서 청력 손실을 완전히 보완할 수 없음을 알아야 해요. 이를 배려해 친구가 최대한 내 말을 잘 알아듣도록 노력해야 한답니다.

청각장애인도 다른 사람과 대화하는 것을 좋아한답니다. 소통이 안 될 거란 두려움은 걷어 내고 먼저 말을 건네보면 어떨까요? 서로를 조금 더 이해하고 배려하면서 알아가면 좋겠어요.

함께 살기 위한 노력

우리나라는 다중언어 국가란 사실을 알고 있나요? 다중 언어란 여러 개의 언어가 공존함을 뜻해요. 우리나라는 한국어만 사용한다고 생각하기 쉬운데 그렇지 않아요. 한 국수화언어법에는 한국의 수어를 "국어와 동등한 자격을 가진 청각장애인의 고유한 언어"라고 명시하고 있어요. 다시 말해 우리나라는 한국어뿐만 아니라 한국수어도 함 께 쓰는 다중언어 국가라는 거죠.

수어를 쓰는 사람들이 의사소통에 불편을 겪지 않으 려면 국가는 어떤 노력을 해야 할까요? 모든 청인이 수어 를 배우거나 모든 청각장애인이 말을 하면 좋겠지만 불가 능한 일이죠. 가장 합리적인 방법은 수어 통역과 자막 제 공이에요.

코로나19 시기를 기점으로 여러 방송에서 수어 통역 을 제공하고 있어요. 산불이나 지진 같은 재난 상황에서 청각장애인들이 말로만 전달되는 뉴스를 이해하지 못해 피해를 입은 사례들이 있었거든요. 같은 일이 반복되며

불만이 쌓이자 장애인을 배려해 달라는 요구가 받아들여지기 시작한 거예요. 최근에는 청각장애인이 위급한 상황에 119 신고를 할 수 있도록 시스템을 구축했지요. 하지만 여전히 미흡하답니다.

인터넷과 스마트폰의 발달로 시각 정보가 크게 늘어나며 이해의 폭이 넓어진 건 사실이에요. 그럼 사람과 사람의 의사소통은 어떨까요? 여전히 음성언어인 말을 통해서만 이루어지고 있지요. 청각장애인이 비장애인의 사회에 적응하며 살아가기란 결코 쉽지 않아요. 모두가 평등하고 살기 좋은 세상이 되려면 TV뿐만 아니라 삶의 전 부분에서 지원이 이루어져야 해요. 이 모든 것은 함께 살기 위한 노력이랍니다.

지체장애인은
모두 휠체어를
타나요?

11월 11일은 무슨 날일까요? 맞아요, 바로 빼빼로데이입니다. 이날은 친구나 연인처럼 가까운 사람들끼리 빼빼로 과자를 주고받지요. 가늘고 길쭉한 과자가 숫자 1을 닮아 11월 11일이 빼빼로데이가 되었어요. 그런데 1을 닮은 게 또 있어요. 바로 사람이에요. 사람이 똑바로 서 있는 모습도 1과 닮았죠. 선 자세를 두고 '직립'이라고 하는데요. 지체장애인의 직립을 희망한다는 의미에서 11월 11일은 지체장애인의 날이기도 합니다. 여기서 궁금증이 생겨요. 과연 지체장애인들에게 직립은 꿈이고 희망일까요?

제 가장 친한 친구는 휠체어를 타고 생활해요. 대학에서 처음 알게 된 친구는 큰 키에 덩치도 꽤 컸죠. 휠체어를 타는데 키가 큰지 어떻게 아냐고요? 친구는 걷기도 했거든요. 부축을 받거나 휠체어 손잡이를 잡고 조금씩 걸을 수 있었어요. 휠체어를 탄 사람들은 모두 걷지 못하는 줄 알았는데 아니더라고요.

친구와 많은 시간을 함께했어요. 같이 밥을 먹고 가까운 곳에 놀러가기도 했죠. 이러한 일상이 즐거웠지만 어느 하나 쉬운 건 없었어요. 보통 뭘 먹을지 결정하고 식당을 찾아가잖아요. 우리는 들어갈 수 있는 식당을 찾아야 했어요. 1층에 있는 식당이라도 높은 턱이나 계단이 있으면 갈 수 없었어요. 2층 이상이나 지하는 엄두도 못 냈고요. 한번은 저녁 늦게 식사를 끝내고 식당의 가파른 경사로를 내려오다 친구가 휠체어를 탄 채로 꼬꾸라졌어요. 서러워진 친구는 눈물을 훔쳤고, 저도 친구의 등을 두드리며 울었던 기억이 나요.

많은 지체장애인은 그저 일상을 누리고 싶어 해요. 누구나 그렇듯, 내가 가고 싶은 식당에 가서 손님으로서 대우받고, 대중교통을 편히 이용해 원하는 곳에 가고 싶을 뿐이에요. 이러한 열망이 욕심일까요?

얼마나 불편했나요?

여러분의 등굣길을 떠올려 볼까요? 대부분 대중교통을 이용할 거예요. 1분이라도 더 자고 싶은 마음에 집에서 지하철이나 버스 정류장까지 걷는 데 걸리는 시간, 대중교통을 타고 가는 시간을 확인하죠. 대부분 이렇듯 계획에 따라 학교에 가곤 해요.

하지만 언제나 계획대로 흘러가지는 않죠. 간혹 지하철이 고장 나거나 졸다가 내릴 역을 지나치기도 하니까요. 그리고 지하철에서 이동권 투쟁을 하는 장애인 단체를 만난다면 지각하게 되겠지요. 많은 사람이 왜 꼭 바쁜 아침에 시위를 해서 여러 사람을 불편하게 하느냐고 불만을 토로해요. 저는 이런 말을 듣고 묻고 싶어졌답니다. "얼마나 불편했나요?"

이동권 투쟁으로 지하철 출발이 미뤄지면서 학교 도착 시간이 몇십 분 늦어진 오늘 하루, 그래서 억울하고 화가 나는 그 하루가 일상이라면 어떨까요? 우리가 당연하게 여겨 온 삶이 누군가에게는 당연하지 않을 수 있어요. 어떤 사람들은 지하철을 타기 위해 먼 길을 돌아오고, 계단이나 에스컬레이터 대신 엘리베이터를 타야 하고, 엘리베이터가 없다면 위험천만한 리프트를 오랫동안 기다렸다 타야 해요.

버스를 타면 되지 않냐는 사람들도 있습니다만, 버스는 더 열악하지요. 저상버스가 많지 않으니 쉽지 않답니다. 모두가 편하게 이용할 수 있는 대중교통 환경을 만들 수는 없을까요? 엘리베이터를 만들면 많은 사람이 편히 이용할 수 있고, 저상버스도 일반 버스보다 공간이 넓으니 더욱 좋잖아요. 실제로 지하철 엘리베이터 앞에 줄을 서 있는 사람들은 누구인가요? 휠체어를 탄 사람들이었나요? 비용이 많이 든다는 이유로, 관리 부담이 생긴다는 이유로, 소수 집단이라는 이유로 더 이상 소외되고 차별받으면 안 된다는 말입니다.

이동권 투쟁은 휠체어를 타는 장애인을 중심으로 이루어지다 보니 이동권이 지체장애인만을 위한 요구로 보이기도 해요. 하지만 이동권은 일상생활에서 이동에 어려움을 겪는 장애인뿐만 아니라 고령자, 임산부, 영유아를 동반한 사람, 어린이 등의 교통약자를 위한 권리랍니다.

대중교통을 스스로 이용하는 능력은 삶의 질을 높여요. 그렇기에 모든 사람이 이용할 수 있도록 환경을 만들어야 해요. 누구나 내가 가고 싶은 곳을 선택하고 혼자서도 갈 수 있어야 합니다. 이것이 가능하려면 장애에 따른 능력의 한계는 인정하되, 우리 사회는 그 능력 안에서 일상의 많은 것을 할 수 있도록 뒷받침해야 한답니다.

모두가 휠체어를 타진 않아

지체장애인은 모두 휠체어를 탈까요? 지체장애인은 신체에 장애가 있어요. 뼈, 근육, 신경 등이 다치거나 이상이 생겨 영구적으로 그 기능을 발휘하기 어려운 상태를 지체장

이동권 투쟁으로 지하철 출발이 미뤄지면서

학교 도착 시간이 몇십 분 늦어진 오늘 하루,

그래서 억울하고 화가 나는

그 하루가 일상이라면 어떨까요?

우리가 당연하게 여겨 온 삶이

누군가에게는 당연하지 않을 수 있어요.

장애에 따른 능력의 한계는 인정하되,

우리 사회는 그 능력 안에서

일상의 많은 것을 할 수 있도록

뒷받침해야 한답니다.

애라고 한답니다. 소아마비, 뇌성마비, 뇌졸중, 척수 손상, 사지절단, 관절염, 근이영양증 등 유형도 다양해요.

학교에서 가장 많이 만나는 지체장애 친구는 아마 뇌성마비가 있는 친구일 거예요. 뇌성마비는 뇌의 병변으로 운동 능력이 떨어져요. 장애인은 모두 지적능력이 떨어진다고 보는 시선이 있는데 사실이 아니랍니다. 뇌의 병변이 원인인 뇌성마비가 있어도 지능이 보통 또는 보통 이상인 친구들이 많아요. 여러분이 잘 아는 물리학자 스티븐 호킹도 뇌성마비가 있었고요. 참고로, 뇌성마비는 장애인 등에 대한 특수교육법상 지체장애에 해당하지만, 장애인복지법상 뇌병변 장애로 분류된답니다.

많은 지체장애인이 휠체어를 이용해요. 걸어 다니는 것이 불편하기 때문입니다. 어느 정도 움직일 수 있다면 '클러치'라는 목발을 사용해 걷기도 해요. 그리고 브레이스를 쓰기도 하는데, '브레이스'는 신체의 움직임을 유지해 주는 장치예요. 영화 〈포레스트 검프〉의 주인공이 약한 다리로 걷기 위해 다리에 두르고 있는 게 바로 브레이스랍니다. 어떠한 도구나 누군가의 부축 없이도 혼자서 잘

다니는 사람도 많아요. 다시 말해 '지체장애인은 모두 휠체어를 탄다'는 건 편견이에요.

눈높이 맞추기

지체장애가 있는 친구와는 어떻게 잘 지낼 수 있을까요? 지체장애인은 이동에 어려움이 있어 휠체어, 클러치 같은 보조기구의 도움을 받아요. 하지만 혼자서 움직이는 친구도 많으니 도움을 주기 전에 반드시 도움이 필요한지 물어봐야 해요.

휠체어를 탄 친구와 대화할 때는 자세를 조금 낮춰 눈높이를 맞춰 보세요. 친구가 클러치를 이용한다면 자리에 앉아서 이야기할 수 있게 배려하면 좋아요. 복도에서 마주쳤을 때는 편히 지나가도록 옆으로 비켜 주면 되고요. 특히나 휠체어를 탄 친구를 도와줄 때는 안전에 유의해야 해요. 다음 사항을 꼭 지켜 주세요.

상황	규칙
이동할 때	· 바퀴에 옷이나 물체가 걸리지 않도록 유의하고, 보통 걸음 속도로 천천히 이동한다.
문턱을 오를 때	· 양팔에 힘을 주고 휠체어 뒤를 발로 조심스럽게 눌러 앞바퀴를 들어 올린 상태로 문턱을 오른다.
문턱을 내려갈 때	· 휠체어를 뒤로 돌려 내려간다. · 휠체어 뒤에 서서 앞바퀴를 들어 올린 상태로 뒷바퀴를 천천히 뒤로 빼면서 앞바퀴를 조심히 내려놓는다.
오르막길을 갈 때	· 가급적 자세를 낮추고 다리에 힘을 주어 밀고 올라간다. · 친구의 체중이 많이 나가거나 경사가 급한 경우 지그재그로 밀고 올라갈 수도 있다.
내리막길을 갈 때	· 휠체어를 뒤로 돌려 뒷걸음으로 내려간다. · 친구의 체중이 많이 나가거나 경사가 급한 경우 지그재그로 내려갈 수도 있다.
울퉁불퉁한 길을 갈 때	· 휠체어 앞바퀴를 들어 올려 뒤로 젖힌 상태에서 이동한다.
엘리베이터를 이용할 때	· 뒤로 돌려 들어가서 앞으로 밀고 나온다.

지체장애가 있는 친구와 학교생활을 하다 보면 함께

고민해 볼 것이 있어요. 바로 수학여행(소규모 테마형 교육여행)인데요. 수학여행은 학창 시절 소중한 경험임에도 아직까지 장애가 있는 많은 친구가 참여하지 못하고 있어요. 특히나 휠체어를 탄 친구들은 자기 때문에 다른 친구들이 피해를 볼까 지레 포기하는 일이 많죠. 하지만 분명 친구도 여러분과 수학여행을 가고 싶을 거예요.

다 같이 수학여행을 가려면 어떻게 해야 할까요? 먼저 친구에게도 의견을 물어보면 좋겠어요. 어디에 가고 싶은지 말이에요. 만약 친구 의견이 합당하다고 받아들여진다면, 여행 동안 가게 될 장소와 숙소 등에 경사로가 있는지, 장애인 화장실 같은 편의시설이 있는지 확인해야 해요. 되도록 이런 편의시설이 있는 곳을 중심으로 여행을 계획하되, 가야 할 곳에 편의시설이 없다면 친구를 위해 어떤 준비를 할 수 있을지 고민해 보면 좋겠지요. 그럼 어느 누구도 배제되지 않는 즐거운 수학여행이 될 거예요.

에티켓도 알아봅시다. 친구의 허락 없이는 휠체어나 목발 등을 만지거나 옮기지 않도록 해요. 이것들은 신체의 일부나 마찬가지거든요. 그러니 언제나 필요할 때 쓸 수 있도록 정해진 자리에 있어야 해요. 엘리베이터나 출입문에서는 친구가 출입할 때까지 문을 잡아 주면 좋아요. 혹시 학교 밖에서 만난다면 어디서 만날지 정하고, 그곳에 편의시설이 갖춰져 있는지 알아보면 도움이 되지요. 아마 친구에게 먼저 만날 장소를 묻는다면 친구는 편의시설이 충분히 갖춰진 곳을 고를 테지만요.

우리 한번 장애를 걷어 내보자

목발을 쓰는 친구가 복도에서 넘어졌어요. 여러분은 어떻게 할 건가요? 사실 '장애' 때문에 더 고민이 되는 질문인데요. 우리 한번 장애를 걷어 내볼까요? 그러면 넘어진 친구가 다친 데는 없는지 확인하고 도움이 필요한지 물어보면 되겠죠. 혼자서도 괜찮다면 도와주지 않으면 되고요. 이 책에서 여러 번 강조했듯이 먼저 물어보는 게 중요하답니다. 이건 장애가 있고 없고를 떠나 모든 사람에게 해당하는 이야기예요. 무엇을 생각하고 판단할 때 그 기준이 장애가 되어서는 안 돼요.

장애 친구가 비장애 친구와 소통하기 위해 노력하는 것도 중요해요. 도움과 배려를 받을 수 있지만, 당연하게 여겨서는 안 된답니다. 학교생활을 하는 데 필요한 것이 있다면 먼저 이야기하고 미리 양해를 구하면 좋아요. 자신이 이용하는 보청기, 휠체어, 독서확대경 같은 보조기구의 사용법이나 조심할 점을 알려 줘도 좋고요. 그리고 비장애 친구와 함께하는 활동에 적극적으로 참여하고, 나의 어려움뿐만 아니라 다른 친구들의 어려움도 같이 고민하고 해결하기 위해 노력해야 합니다.

내가 부족한 부분은 도움을 받으면 되고, 친구의 부족한 부분은 내가 채워 주면 되는 거예요. 사회도 마찬가지예요. 서로 도우며 살아가는 것이지요.

다른 포스트

뉴스레터 구독

장애인이랑 친구가 될 수 있을까?

18년 차 특수교사가 안내하는 편견을 넘어 우정 쌓는 법

초판 1쇄   2024년 5월 20일
초판 2쇄   2024년 7월 16일

지은이   권용덕

펴낸이   김한청
기획편집   원경은 차언조 양선화 양희우 유자영
마케팅   정원식 이진범
디자인   이성아
운영   설채린

펴낸곳 도서출판 다른
출판등록 2004년 9월 2일 제2013-000194호
주소 서울시 마포구 동교로 27길 3-10 희경빌딩 4층
전화 02-3143-6478 **팩스** 02-3143-6479 **이메일** khc15968@hanmail.net
블로그 blog.naver.com/darun_pub **인스타그램** @darunpublishers

ISBN 979-11-5633-612-9 43330

다른 생각이
다른 세상을 만듭니다